12.-
D1868304

Altdorfer
Leidensweg · Heilsweg

Altdorfer

Leidensweg · Heilsweg

Der Passionsaltar von St. Florian

Max Seidel · Fotos und Bildgestaltung
Edwin Maria Landau · Einführung

Belser Verlag

© 1983 by Belser AG für Verlagsgeschäfte & Co KG,
Stuttgart–Zürich
Alle Rechte vorbehalten
ISBN 3-7630-1784-4

Inhalt

Albrecht Altdorfers Heilsweg

Albrecht Altdorfers Wirken und Kunst sind geprägt durch die Umstände und die Zeit, in der er lebte, dem Übergang vom späten Mittelalter zur Renaissance. So ist man sich bis heute nicht klar über sein Geburtsjahr und seinen Geburtsort. Selbst hinsichtlich der Herkunft seines Vaters sind wir auf Vermutungen angewiesen. Allerdings lassen sie mit folgerichtiger Beweisführung den Schluß zu, daß der Vater ein kleinerer Meister war, dessen Begabung erst im Sohn zur vollen Entfaltung kam. Das erste feste Datum im Lebenslauf des Meisters ist das Jahr 1505, in dem er zu Pfingsten das Bürgerrecht von Regensburg erwarb. Dieser Stadt blieb er zeitlebens verbunden und hat ihr in verschiedenen Ämtern gedient. Ob er fünfundzwanzig Jahre alt sein mußte, um das Bürgerrecht zu erwerben, oder ob dies bereits mit jüngeren Jahren möglich war, ist gleichfalls umstritten. Man muß sich Altdorfer aber auch nicht zu jung vorstellen, als er 1508, nach der Meinung anderer erst am 29. April 1509, den Auftrag erhielt, den Sebastians-Altar für die Stiftskirche des Augustiner-Chorherrenstifts St. Florian bei Linz an der Donau zu gestalten. Altdorfer muß also um diese Zeit bereits zu Ansehen über seine engere Heimat hinaus gelangt sein, damit der Propst des Chorherrenstifts, Peter Maurer, ihn mit der bildnerischen Gestaltung eines großen Altarwerkes betrauen konnte, das künstlerische und menschliche, vor allem religiöse Reife und Einsicht voraussetzte.

Betrachtet man das Ganze mit seinen sechzehn Tafeln, so wird sich unschwer der Eindruck ergeben, daß Altdorfer während dieser Arbeit zu seiner vollen Reife und Meisterschaft gelangt ist. Zwischen den Bildern der Sebastians-Legende auf den Außenflügeln, den Predellen-Täfelchen und den acht Tafeln des Kreuzweges, die dem Betrachter in der Passionszeit an hohen Feiertagen aufgeschlagen wurden, besteht ein künstlerischer Unterschied. Es handelt sich nicht um einen Kreuzweg im üblichen Sinne mit seinen vierzehn Stationen. Die durch den Aufbau als Hochaltar sich ergebende Beschränkung auf die acht den Leidensweg bestimmenden Geschehnisse bestärkte den Maler in dem Gedanken, durch die schrittweise Verklärung der einzelnen Stationen, durch ihre Entschwerung, das Erlösungswerk der Leidensgeschichte gewissermaßen zu untermalen und vom Kreuzweg die innere Schau auf den Heilsweg zu lenken.

Der Umstand, daß zwischen der Auftragserteilung und dem Abschluß der Arbeit fast zehn Jahre vergingen, erlaubt den Schluß, daß Albrecht Altdorfer neben anderen, gleichzeitigen Arbeiten sich seiner selbst sicherer geworden ist und die Kraft gefunden hat, diesen Tafeln seinen Meisterstil aufzuprägen. Die acht Tafeln haben heute in der Stiftsgalerie ihre Aufstellung gefunden.

Die Zeit der religiösen Unruhe und des Aufbruchs, des Umdenkens auf allen Gebieten, hatte Altdorfer nicht unberührt gelassen. Die Tafeln, die in dieser Zeit entstanden, erhalten daher in erhöhtem Maß den Charakter eines Bekenntnisses. Von einigen Einzelheiten abgesehen, hat sich der Maler daher nicht an Vorbilder oder überlieferte Schemata des durch die Zeiten immer wieder neu gestalteten Themas des Kreuzweges mit den Stationen des Leidensweges Christi gehalten. Ein tiefes, religiöses Empfinden muß den Maler beim Durchdenken der acht Geschehnisse, auf die bei ihm der Leidensweg zusammengedrängt ist, geleitet haben, ein Empfinden, das sich bis ins Visionäre, in die verinnerlichte Schau erhebt. Aus ihr heraus findet er die Freiheit für seine Bildumsetzung der überlieferten Begebnisse und es gelingt ihm, das Dramatische der letzten Tage im Erdenwandel des Menschensohnes erschaubar zu machen. Der religiöse Bezug der Szenen bleibt jedoch erhalten. Und zugleich setzt er den ganzen ins Überwirkliche hinüberreichenden Glanz seiner Farben ein, um dem Betrachter das Geheimnis des jeweiligen Geschehens erfaßbar zu machen. Mit dieser sehr klar vorgenommenen Farbführung, die zugleich Lichtführung ist, geleitet er den Betrachter von Station zu Station, von einer Tafel zur anderen, zum Erschauen und Erkennen des Lichtes, das nicht von dieser Welt ist.

Bereits in die Düsternis und Trauer von Gethsemane fällt ein erster Schimmer dieses Lichtes. Es ist nicht der in satanischen Farben erglühende Himmel mit seinem zerfetzten, bedrohlichen Gewölk, von dem sich, wirklichkeitsnah, die Silhouette des Dachstein abhebt, die Stadt zu seinen Füßen besser beschirmend als irdisches Gemäuer. Dieses Himmelsfeuerwerk dient nur als Folie für das irregeleitete, menschliche Geschehen, für den Aufbruch der Kohorte, die sich im Schein ihrer Fackeln aus der Stadt an den Tatort heranschleicht. Judas an der Spitze, von einer kugelförmigen Laterne angeleuchtet, die sich auf dem zweiten Bild – der Gefangennahme Christi – an kompositorisch wichtiger Stelle wiederfindet. Mit der Rechten umkrampft er den Beutel mit dem Verrätersold. Den linken Zeigefinger hat er ausgestreckt, um im gegebenen Augenblick auf das Opfer zu zeigen, auf das sein böser Blick sich richtet. Judas, der dem Trupp vorauseilt, hat auf schmalem Steg den Kedron bereits überschritten und könnte beim nächsten Schritt den Saum des Gewandes Jesu berühren. Der Maler hat die Niedrigkeit dieses Tuns dadurch unterstrichen, daß ihn nicht nur eine Felsstufe von seinem Opfer trennt, sondern daß er, gemessen an diesem, zwergenhaft klein erscheint und mit den quergestellten Füßen eher zu stolpern droht, als sicheren Schrittes sein Ziel zu erreichen.

Auch farblich ist die Auslieferung Jesu, die dieser beim letzten Mahl den Jüngern angesagt hatte, ins Nebensächliche verwiesen. Das Bedrükkende im Geschehen am Ölberg ist nicht der Verrat, sondern das Versagen der Jünger. Als wolle Altdorfer dieses Verhalten mit allem Nachdruck anprangern, rückt er die Szene in den Vordergrund und macht, anders als dies häufig geschieht, die drei Jüngergestalten zu Hauptfiguren, mit den lautesten Farben dieser Tafel unterstrichen. In grelles Rot ist Jakobus gehüllt, das Gewand über den Kopf gezogen, dem Geschehen in seiner nächsten Umgebung gegenüber ganz verschlossen. Sichtlich gemildert in dem roten Tuch, das mit dem grünen Gewand des jugendlichen Jüngers harmoniert, sitzt vermutlich Johannes. Im Schlaf erlebt er vielleicht eine erste Schau dessen, was er in dem Buch aufzeichnen wird, das seine Linke umklammert. Sein Haupt ruht auf den Knien von Petrus, von dem es heißt, er sei der Fels, auf dem die Kirche gegründet werde. Es ist in das Licht getaucht, das von dem goldockerfarbenen Gewand des Petrus ausgeht, der ebenfalls schläft. Ist es Betrübnis über sich selber, die ihn so nachdenklich schläfrig stimmt? In die Farbe, die an priesterliche Gewänder mahnt, gekleidet, sitzt er da in seinem schwankenden Verhalten, in sich gekauert. Mit seiner Rechten beschirmt er den Jüngeren. Mit der Lichtbahn seines Gewandes wird der Blick über die hell beschienene Schulter hinaufgelenkt zum Kelch des Engels. Er ist Brennpunkt der Tafel im bildlichen und übertragenen Sinne. ›Es erschien ihm aber ein Engel vom Himmel und stärkte ihn‹, heißt es bei Lukas. Hier aber ist es, als strecke der Engel ihm vergebens diesen mit dem heilverheißenden Kreuzzeichen überhöhten Kelch hin. Denn Jesus ist ganz niedergedrückt von der Not dieser Stunde, in der er, von allen verlassen, die Todesangst, die auf der ganzen Menschheit lastet, durchleiden muß. Aus dem drohenden Himmel weist ein Keil in geläuterter Goldfarbe auf ihn, ein schwacher Schimmer streift seine Schulter. Aber das alles bleibt von ihm unbemerkt. In seiner Not horcht er, in Gebetsstille versunken, ob ihm eine Stimme zuflüstere, daß dieser Kelch der Bitternis und Verlassenheit und des herannahenden Todes an ihm vorübergehen möge. Aber diese Stimme bedeutet ihm, daß es zu gehorchen heißt, das ihm Zubestimmte auf sich zu nehmen und mit seinem Blut den Kelch zu füllen, den der Engel als das zukünftige Heilszeichen über ihn hält. Dieser Goldglanz im buchstäblichen Sinne stimmt die ganze Bilderfolge auf das Erlösungswerk ein. Im Kreuzigungsbild wird dies mit einer ebenso unüblichen Verschiebung der Gewichte in der Gestalt Maria Magdalenas aufgefangen. Bereits das Wenige läßt ermessen, mit welchem Bedacht, mit welchem außergewöhnlichen kompositorischen Sinn und welcher Vorausplanung Albrecht Altdorfer bei der Ausführung des Ganzen zu Werke gegangen ist. Es ist ein erstes Zeichen einer kunstvoll eingesetzten Lichtregie, welche die ganze Tafelfolge zusammenbindet.

Noch ist aber das Dunkel vorherrschend, aus dem das Licht der Welt hervorgehen soll. Das Zurückschrecken vor der Bitterkeit des Kelches durchzuckt die Landschaft, bricht sie auf in ihrer Zerrissenheit. Mit großem Geschick ist an dieser Stelle, an der sich das Hilfsmittel der architektonischen Staffage versagte, das Hintergrundgeschehen, die heranziehende Kohorte, durch die klein gehaltene Figur des Judas mit der Hauptszene verquickt und so eine Geschlossenheit des Bildes erreicht. Das Naturschauspiel und der Trägheitswall der Jünger mit der stillen Farbfolge ihrer Gewänder leiten über zum Rot des Engels, der das Rot des Johannes widerspiegelt. Alles zusammen bildet einen Schutzraum, in dem Jesus, in ein unlärmiges Weinrot gehüllt, die Stunden der Versuchung durch Angst um sein Los durchwacht.

Zwar ist das nächtliche Dunkel noch das bestimmende Element. Der düstere Wald am rechten Bildrand der Gebetswache am Ölberg wird auf der Tafel mit der Gefangennahme weitergeführt. Ja bildmäßig ist beides so eng miteinander verflochten wie das Geschehen selber. Ein Turm der Stadtbefestigung erhält noch ein schwaches Licht. Sonst aber ist alles aus der menschlichen Umgebung entrückt in die freie Natur, abstürzende Felswände heben sich kaum ab vom rabenschwarzen Himmel. Das aufhellende Licht kommt hier aus anderen Quellen. Das Geblinke und Geflimmer der Rüstungen und Helme der Soldateska wird überleuchtet von offen brennenden Fackeln und dem Schimmer des Wimpels, dessen Licht auf das Antlitz Christi fällt. Wie eine Siegesfahne wird er über seinem Haupt geschwenkt. Der Mittelpunkt des Geschehens ist leicht seitlich aus der Bildmitte geschoben.

Wenn Christus – nicht in wörtlicher Übereinstimmung mit dem biblischen Bericht – dem Knecht des Hohenpriesters, Malchus, das Ohr heilt, so ist in der farblichen Abstimmung seines weinrotfarbenen Gewandes auf das olivgetönte des Knechtes eine verbindende Geste im wörtlichsten Sinne vollzogen. Der unbeschuhte Fuß, der seinen festen Stand zwischen all den gerüsteten und geschienten Beinen hat, zeugt dafür, daß Jesus auch in dieser Stunde der Bedrohung, der völligen Einkreisung und der Loslösung von seinen Jüngern, seinen inneren Halt nicht verloren hat, so bekümmert er auch dreinblickt und den kämpferischen Eingriff von Petrus verurteilt.

Auch wenn die Vordergrundszene etwas gestellt wirkt, hat man den Eindruck, daß die zweifelnde Frage nach dem Sinn des Befohlenen die Physiognomie Jesu beherrscht und damit die Schärfe und Härte des Geschehens mildert. Sogar der Hauptmann, der den schwertbewaffneten Petrus bei der Schulter packt, tauscht mit diesem nur fragende Blicke aus. Zwei einander fremde Welten prallen hier aufeinander, verbunden nur durch das Licht. In dieses Gewühle und Waffengeklirre ist doch eine gewisse Ordnung gebracht durch den Schimmer, der vom Helm des um sein Ohr gebrachten Knechtes über die mächtige Glatze von Petrus und seinem goldockerfarbenen Gewand hinübergeht zu der erleuchteten Stirn Jesu. Von dort geht die Linie wieder hinunter zu dem verwundeten Knecht, aus dessen Augen der Schmerz laut spricht. Vergeblich greift er mit seiner Linken nach der ihm im Fall entglittenen, kugelförmigen

Leuchte. War er eben noch hinter Judas gewissermaßen als Wegbereiter für den Trupp abgeordnet, hat es ihn jetzt mitten in das Geschehen hineingerissen. Judas hingegen, der immer noch den Beutel mit den Silberlingen umkrampft, ist bereits ins Abseits abgedrängt und schaut dem weiteren Verlauf nur noch verwundert zu. Das bedrohlich lodernde Rot ist nun kein Himmelszeichen mehr, sondern der Waffenrock des Streithammerträgers. Hier geht das Licht als bildordnendes Element im aufgewühlten Lauf der Ereignisse von der am Boden liegenden Leuchte aus und von dem schmerzverzerrten, überhelmten Gesicht des Malchus. Im Blick auf ihn entdeckt man erneut, daß der Fahnenstab hinter ihm das Bild ebenso richtungweisend ordnet, als habe Altdorfer, obwohl über dem Haupt Jesu Hände den Strick für seine Fesselung bereithalten, diese vom Wind aufgeblähte, flatternde Fahne des Häschertrupps in das Siegesbanner des Meisters verfremdet, um damit eine Leuchtspur in das nächtliche Geschehen setzen zu wollen. Daneben wirken die Spitzen der Lanzen und Hellebarden stumpf, als sei ihre Macht an der unsichtbar strahlenden Kraft des Heilsträgers abgeprallt.

Der Leidensweg nimmt seinen Fortgang, Jesus wird dem Hohenpriester Kaiphas vorgeführt. Dessen über den religiösen Bereich hinausgreifende Macht wird unterstrichen, ist er doch mit einem Degen ausstaffiert wie ein Präfekt. Er trägt ein olivfarbenes Gewand – nach dem der Regensburger Ratsherren abgewandelt –, das mit dem grellen Rot seiner Stulpenstiefel und seinem Wehrgehänge kontrastiert. Dieses Farbsignal wird von dem Blutrot des Gewandes und der Kopfbedeckung des einen, offenbar auf Belobigung wartenden Häschers aufgefangen. Mit einem Augenzwinkern spielt er dreist auf ein unausgesprochenes Einverständnis an. Unterstrichen wird das Ganze durch den roten Brokat der Lehne seines Thrones. Kaiphas ist mit einer roten, pelzumrandeten schiefsitzenden Kopfbedeckung gekrönt, die an Judenhüte denken läßt. Sie dient ihm mehr zur Abschirmung seines mißtrauisch ängstlichen Blickes als zur Kennzeichnung seiner Würde. Die Arme hat er zu einer hilflosen, abwehrenden Geste erhoben, als müsse er sich gegen die Kraft, die von Jesus unmerklich auf ihn ausgeht, schützen oder seine Veränstigung vor dieser sich ihm bekundenden Macht verbergen. Seine Ratlosigkeit läßt ihn unter krampfhaften Bewegungen zusammenzucken. Kopf und Füße, die seltsam quergestellt sind, nehmen die Hilflosigkeit seiner Armbewegung auf, als wolle er im nächsten Augenblick angesichts der Gotteslästerung sein Gewand zum Zeichen der Entrüstung zerreißen. Nur bis unten auf das Podest des Richterstuhls fällt ein Schimmer, ihn selbst erreicht das Licht nicht. Um das schlichte, in drei Worte zusammengefaßte Bekenntnis seiner messianischen Berufung ›Ich bin es‹ in Bildsprache zu übersetzen, hat Altdorfer hier seine ganze Lichtkunst aufgeboten. Jesus ist hier bereits Lichtträger, Lichtfigur geworden. Für sein Gewand genügt ein bläulich gedämpftes Weinrot. Es trägt mehr zur Unscheinbarkeit der Gestalt bei, die keiner äußeren Bekundung der ihr innewohnenden Macht bedarf. Die Fesselung der Hände hat er in Schicksalsergebung hingenommen. Sein demutvoller Blick hat nichts Herausforderndes, so aufrührerisch und anmaßend seine Worte auch für die vor der Wahrheit sich verschließenden Ohren klingen mögen. Von ihm geht das Licht aus, auf ihn weist es hin. Die glänzenden Helme bilden eine Aura um ihn. Die Gelbtöne der kleinen Fackel im Hintergrund leiten über zu dem gelbschimmernden Anstrich der Eckpfeiler. Sie dienen als Folie zu der ganzen Gruppe um Jesus und leiten mit ihrem Gebälk über zur renaissancehaften Kuppel über dem ganzen Raum. Diese wird durchbrochen von den rötlichgelben Alabasterverglasungen, die noch etwas von ihrem Schimmer an die Rosetten der Gebälkverquerungen abgeben. Und als solle mit aller Deutlichkeit darauf verwiesen werden, daß das Licht dieser Welt von oben kommt, lenkt die große Fackel der Soldateska dort hin und verbindet ihr Licht mit den architektonischen Lichtquellen. Selbst der pagenhafte Diener des Kaiphas, verwirrt durch das, was sich seinem Auge darbietet und halb verträumt, weist, anstatt seinem Herrn Licht zu bringen, mit seiner Fackel vertikal nach oben, wo sein Fackellicht von den beiden Ampeln weitergeleitet wird. So ist den beiden ungeladenen Zeugen auf der Galerie die Sicht erleichtert, der eine, in Verräterrot gehüllt, beobachtet den Hohenpriester mit prüfendem Blick, der andere, der vielleicht seine Meinung vor seinem Nachbarn verbirgt, schaut im Schutze seiner dunklen Kapuze auf Jesus, den Sinn des Schauspiels, das sich ihm dort unten bietet, erfragend. Ähnlich zweifelt der Kohortenführer, der den Gefangenen grob am Arm packt, ihn mit dem einen Auge beschielt und mit dem anderen die Wirkung auf Kaiphas zu erforschen sucht. Beiden bleibt jedoch das Geheimnis des Gefangenen verborgen, der sich im Bewußtsein seiner Berufung für das Kommende sammelt und für diesen Richter nur ein Erbarmen aufbringt. Goldtöne verleihen der ganzen Szene einen überirdischen Glanz, als hätten die drei Worte ›Ich bin es‹ ihn bereits in seine Herrlichkeit eingesetzt.

Mit seinem Richtspruch hat sich Kaiphas ins Dunkel, in den Hintergrund der Geschichte verbannt. Dorthin hat ihn der Maler mit seinem Thron gerückt, der jedoch aus dem Leim geraten zu sein scheint. Der Damastbezug der Thronlehne als Attribut seines Stolzes ist schäbig geworden. Sieht man näher hin, wie er mit der Linken unbeholfen den Degen zum Gruß für die Kohorte erhebt, die den Gefesselten auf sein Geheiß zur Geißelung führt, wirkt er, der eben noch vor Empörung sein Gewand zerriß, wie zu einer Marionette zusammengesunken, ein hilfloser Popanz im Weltgeschehen.

Das Entscheidende ist nun endgültig ins helle Tageslicht gerückt. Ein blauer Himmel kündet das an. Die Architekturelemente sind übernommen, der Zusammenhang mit der vorigen Station bleibt deutlich gewahrt. Aber mit zwei aus der Einfassung des Unterbaus herausgebrochenen Steinen ist angedeutet, daß die Macht, die sich nur auf irdische Gegebenheiten stützt, bereits dem Zerfall anheimgegeben ist. Auch wenn er sich gegen die Häscher nur leicht durch seine ambrabräunliche Gewandung abhebt, genügt das, um das gleißende Staatsgewand des Hohenpriesters zu überleuchten. Als sollte Jesus mit Gewalt auf die Hauptszene geschleppt werden, greifen die zu weitem Schwung ausholenden, mit Bleiknoten verknüpften Stricke wie mit einem Zangengriff nach seinem Haupt. Hier wendet Altdorfer ein kühnes Mittel an, um Hinter- und Vordergrund, die beide in grelles Licht gerückt sind, miteinander zu verknüpfen. Die Aufgabe der Fackeln und Leuchten auf den bisherigen Stationen des Leidens- und Erlösungsweges übernehmen hier die weißen Gewänder der Folterknechte. Diese lenken mit der trüben Erfüllung ihres Züchtigungsauftrages den Blick auf den Gemarterten, der sich mit mitleidsvollem Blick ihren Schlägen preisgibt. An die spiegelnd helle Säule gefesselt, ist er, der allem Leiden widersteht und es in aufrechter Haltung erduldet, genau in den Mittelpunkt gerückt. Von ihm geht in seiner demütigenden Entblößung unausgesprochen der Auftrag aus, das Leid dieser Welt widerspruchslos zu erdulden und es so zu überwinden. Weder die Roheit der Geißelnden, noch der zynische Blick des ihn mit der Rute Stäupenden vermögen diese stumme Botschaft zu verdunkeln. Aus solcher Demut führt auch diese Station einen Schritt weiter ins Licht, das den Menschen verheißt, sie aus ihrer Drangsal zu befreien.

Das Drama nimmt seinen weiteren Verlauf. Wieder baut Altdorfer sein Bild – es handelt sich um die Dornenkrönung – von hinten nach vorne auf. Der Herold und Anführer führt in halb zerschlissenem Goldgewand – wie aus einem spanischen Sacramento – mit einem Federbusch als Kopfbedeckung, den Zeremonienstab geschultert, an der Spitze eines ungeordneten Zuges den Pöbel zum Schauplatz. Die Stadt ist bereits in Aufruhr geraten, die Gaffer strömen herbei. Zur Befriedigung ihrer Schaulust wird Christus in rotem Gewand, das die Soldateska ihm umgelegt hat, mit gefesselten Händen erhöht durch die Menge getragen, ein wahres Spießrutenlaufen. Ein Vater sucht mit entsetzten Blicken sein Söhnchen rasch fortzuführen. Diese kleine Gruppe leitet inhaltlich und ausdrucksmäßig zur Haupthandlung über.

Der Zug ist im Prätorium angelangt, hier soll die Verhöhnung ihren Höhepunkt erreichen. Derjenige, der auf die Frage, ob er der König der Juden sei, geantwortet hat, ›Du sagst es‹, wird nun mit Dornen gekrönt werden. Altdorfer hat sich die Freiheit genommen, den Verlauf des Leidensweges, wie er in der Bibel in allen vier Evangelien unterschiedlich aneinandergereiht ist, für seine Zwecke umzustellen. Jesus wird also gekrönt, ehe er Pilatus vorgeführt wird. Allein hier dient die Krönung nur noch halb dem Spott und der Verhöhnung; in Wirklichkeit wird bereits eine Stufe zur Erhöhung erklommen. Als Herr und Meister ist er in ein weißes Gewand gehüllt und in eine Lichtgestalt verwandelt, die diese Tafel beherrscht. Abermals dient die Architektur aus dem Bild mit der Vorführung vor Kaiphas als Staffage, noch spielt sich alles in dessen Wirkungsbereich ab. Die hellen Pfeiler unterstützen diesen Lichteindruck. Aus den Alabasterfenstern des Kuppelgewölbes dringt weiteres Licht herein. In der abschließenden Muschel des Deckengewölbes haben sich die beiden Zeugen wieder eingefunden, die bei Kaiphas ihre Blicke in zwei Richtungen wandten. Hier blicken sie wie gebannt auf das Geschehen zu ihren Füßen. Sie werden Zeugen eines Ereignisses, das deutlich zu erkennen gibt, wie sich vor dieser Gestalt die Welt teilt. Nach dem langen Rohr mit dem Wedel, das Jesus in seiner Linken hält, scheint er nur widerstrebend, halb unbeteiligt gegriffen zu haben. Er gibt damit zu erkennen, daß er nicht nach Herrscherzeichen verlangt. Die Dornenkrone wird ihm von einem der Knechte mit einem Stab gewaltsam aufgepreßt. Sie scheint ihn weniger zu bedrücken als die Verhöhnung durch die vor ihm knieenden Knechte, für die er das Mitleid aufbringt, das denen gilt, die ›nicht wissen, was sie tun‹. Doch nicht die Roheit allein kann sich hier austoben. Bereits in den Blicken des Söldners mit dem geschulterten Beil – vielleicht ist er dazu ausersehen, das Kreuz Jesu zurechtzuzimmern – liegt ein Anflug von Teilnahme mit dem Opfer und dem Zweifeln an dem Sinn dieser Handlung. Neben ihm der Alte verfolgt mit offenkundiger Trauer und Mitleid, was sich seinen Augen darbietet. Doch da ist noch eine andere Gestalt – von Altdorfer hinzugedichtet, möchte man sagen –, die ein neues, unerwartetes Licht auf diese Station des Leidensweges wirft. Sie ist in lichte Farben gekleidet, ein hellgrünes Gewand mit gelbem, über der Schulter verknotetem Überwurf, eine rote Kopfbedeckung, weiß eingefaßt, mit gepflegtem Kopf- und Barthaar. Mit verstörtem Blick schaut der Mann auf das grausame Geschehen. In den Händen hält er eine tönerne Schüssel mit Wasser, um die Wunden des blutenden Hauptes zu waschen. Man könnte denken, es wäre Nikodemus, der bereits hier seinem Herrn auf dessen Erlösungsweg gefolgt ist. Blickt man genauer hin, so erkennt man, daß die beiden Gestalten, Jesus und der gütige Mann, in einer Diagonalverbindung miteinander verknüpft sind. Für keine der acht Farbtafeln hat Altdorfer einen solchen Farbreichtum aufgebracht. Das glühende Rot der zwei in ihrer ganzen Brutalität gekennzeichneten Schergen, das grau-gleißende Metall und das Schwarz des mit der Axt Bewehrten, das harte Blau und Grün der zunächst an der Krönung Beteiligten und dazwischen das leuchtende Weiß des Schuld- und Fehllosen, ergeben an sich schon eine Farbsymphonie von gewaltigem Klang. Die schroffen Farbgegensätze finden eine Auflösung in der seltsam rätselhaften Gestalt, die aus anderer Gesinnung heraus Linderung herbeizubringen scheint. In der Figur des schmerzvoll teilnehmenden, bärtigen Mannes im Hintergrund unter der Gesetzestafel scheint sie einen Gesinnungsgefährten zu haben. Der Farbaufwand in seinem kunstvollen Einsatz und die Lichtführung sollen dem grausamen Geschehen seine Schärfe nehmen. Sie sollen dem Betrachter zu verstehen geben, daß in Wahrheit Christus durch die Dornenkrönung bereits die Krone seines Reiches empfangen hat. Das Wissen hierum bringt allen Schmerz im leidgeprüften Antlitz des Gekrönten zum Verstummen.

Die Farbwoge dieser Tafel schlägt über auf die nächste – Jesus vor Pilatus – und überflutet die eine, die weltliche Hälfte. Allein der Prunk, der für den Stellvertreter des Statthalters aufgeboten ist, wird malerisch ausgekostet. Er ist ausstaffiert mit einem faltenreichen Gewand in leuchtendem Türkisblau und der reichen Verzierung mit Goldbordüren und Quasten. Wie zu einem türkischen Sultan mit seinem turbanartigen Kopfputz umstilisiert, ist er vor den Goldbrokat der Rückenlehne seines Thrones mit der üppigen, grünroten Überdachung gesetzt. In seiner Welt festgehalten, wird er von seinem Diener gegen das Gewühl der zahllosen Waffenträger abgeschirmt. Dieser steht seinem Herrn kaum nach in dem prächtigen, karminroten Wams und dem reich bestickten Handtuch, das er über Schulter und Arm geschwungen hat. Aus einer kunstvoll geschmiedeten, glänzend schimmernden Goldkanne läßt er das Naß, das seinem Herrn zur Schuldlosigkeit am weiteren Geschehen verhelfen soll, über dessen Hände in die goldene Schüssel spritzen. Aber wie Altdorfer im Gegensatz zu den Berichten in allen vier Evangelien Geißelung und Dornenkrönung der Vorführung vor Pilatus voranstellt, um bereits den Dornengekrönten als den wahren Herrn kenntlich zu machen, so hat er auch für die Pilatusszene eine abweichende Lösung gefunden. War bisher als architektonischer Hintergrund ein renaissancehafter Bau mit einer lichtdurchsetzten Kuppel gewählt, so erfolgt nun hier ein ganz auffälliger Wechsel. Durch ein gotisches Fenster sieht man den blauen Himmel, die frühmorgendliche Helle bestimmt die Szene um Pilatus selbst. Nicht das Zwiegespräch mit Jesus ist hier im Bild festgehalten, das ist bereits abgeschlossen. Ganz deutlich tritt Jesus aus den politischen und religiösen Zusammenhängen dieser Welt – der damaligen Welt – hinaus und wird umfangen und gestützt von der Welt, die zu errichten er berufen ist. Hinter ihm, hoch aufragend, wölbt sich der Chor des Stiftes von St. Florian, der Chor der Kirche, die seine Wahrheit verkünden soll. In einem weinfarbenen Gewand, in dem er bereits vor Kaiphas erschienen ist, schreitet Jesus weiter auf der ihm vorgezeichneten Bahn. Durch diese Farbwahl wird der unmittelbare Zusammenhang zwischen der Vorführung vor den religiösen und den weltlichen Richter in Parallele gebracht. In seiner Unaufdringlichkeit hebt sich das Gewand Jesu deutlich ab von dem Staatsgewand des Pilatus und dem leuchtenden Rot der Mitläufer der Soldateska und dem des Dieners. Pilatus, der durch die Ruhe des ihm Vorgeführten und dessen kurze, selbstsichere Worte verunsichert wurde, schaut ihm besorgt nach. In seinen Augen ist die Frage ›Was ist Wahrheit?‹ stehen geblieben. Das Gewand Jesu ist üppiger gebauscht, und aus den Ärmeln blickt ein weißes Chorhemd hervor, als stünde er bereits in seinem Amte. Das Haupt ist blutgezeichnet, aber der Blick geht an den Umstehenden vorbei in eine andere Welt. Als wolle Altdorfer zu verstehen geben, daß er zugegen war, als dieses weltenwendende Zeugnis ›Mein Reich ist nicht von dieser Welt‹ abgelegt wurde, hat er sich selbst im Hintergrund neben Pilatus, mit einer kleinen Rolle in der Hand, in die Szene hineingebracht.

Unaufhaltsam nimmt alles seinen Lauf. ›Kreuzige ihn, kreuzige ihn!‹ hatte es durch die Halle getönt. Nun heißt es, die letzten Schritte auf dem Leidensweg zu tun. Die ganze Last des Kreuzes ist Jesus auferlegt. Er schiebt die Schulter unter das Heilszeichen. Und wieder hat der Maler mit unscheinbaren Verschiebungen das Geschehen von seiner lastenden Bedrückung zu befreien verstanden. Der Sturz Jesu und die Herbeiholung des Simon von Cyrene sind zu einer einzigen Szene zusammengefaßt worden. Der Cyrener hat bereits von hinten den Kreuzesstamm ergriffen. Die Hand Jesu ihrerseits tastet nach dem Balken, als suche er dort Halt. Als ob Jesus spüre, wie sich die Last erleichtere und er sich aufrichten könne. Der Oberkörper ist leicht angeschrägt und nicht mehr ganz erdrückt, als erahne er hinter sich die flehentlich ringenden Hände seiner Mutter, den Schmerz Maria Magdalenas und die Untröstlichkeit des Johannes. Dieser lenkt mit seinem roten Gewand den Blick auf die beiden Frauen und bringt somit einen aufhellenden Akzent in das Gewühle der Pickel- und Lanzenträger. Einer von ihnen, ganz links am Rand, verhilft mit seiner glänzenden Rüstung und dem weißen Untergewand ebenfalls zu einem Lichtschimmer in der Tafel und lenkt ihn weiter auf die Hauptfigur. Auch hier ist es das weinrotfarbene Gewand mit dem weißgefütterten, zurückgeschlagenen Ärmel, das in seiner bauschigen Ausbreitung über den

Boden Jesus als den Schwerpunkt des Bildes heraushebt und seine Gestalt durch die vielen lichten Flecken plastisch erscheinen läßt. Durch die Schräghaltung ist eine Bilddiagonale in Bewegung gesetzt, die hinaufführt über die in Gold und Hermelin überraschend festlich gekleidete Figur des Hauptmanns bis in das lichte Blau des aufleuchtenden Frühlingshimmels. Obwohl er für die Exekution verantwortlich ist, hat er nichts militärisch Gebieterisches an sich. Auch sein Schimmel zeigt nichts von der Unruhe des stürmischen Drängens der erbarmungslosen Kohorte. Ruhig trabt er dahin, der Würde seiner Last bewußt. Im Blick des Hauptmanns auf den Gefangenen liegt nichts Antreiberisches. Mitleidsvoll schaut er auf ihn nieder, als wäre ihm jetzt bereits angesichts der Geduld, mit der dieser das Kreuz trägt, bewußt, was er den biblischen Berichten nach unter dem Kreuz bekennen wird: ›Dieser Mensch war in Wahrheit Gottes Sohn.‹

Nicht zufällig wird der Maler zwischen Jesus und dem Hauptmann als dem ersten Bekenner dieser Wahrheit eine Ähnlichkeit in Haarfall und Bartwuchs gewählt haben, ebenso eine Parallelität im fragenden Blick. Der eine schreckt zum letzten Mal vor dem Sinn seines Leidens zurück, der andere ist in seinem Auftrag verunsichert und forscht vergebens nach der Bedeutung desselben. In gegenläufiger Richtung bildet der Kreuzbalken eine zweite Diagonale, die die erste durchkreuzt und das Kreuzmotiv bildgestaltend einsetzt. Aber nichts weist darauf hin, daß sich der Himmel in wenigen Stunden verdüstern und die Sonne verfinstern wird. Der Blick wird diagonal auf den blauen, weißbewölkten Himmel gelenkt, auf den der Hauptmann ungewollt mit seinem goldenen Zeremonienstab hinweist. Noch ragen die Stämme frühlingskahl in diesen Himmel hinein, der hinüberleitet auf das Kreuzungsbild und sich lichtverheißend über ihm wölben wird. So sind die beiden schmerzhaftesten Stationen auf dem Passionsweg miteinander verbunden und gehen zugleich ineinander über.

Golgatha ist erreicht, die Kreuze sind aufgerichtet. Sie heben sich ab von einem österlich hell gefärbten Himmel, der von Frühlingswinden durchweht wird. Er bringt die Lendentücher der drei Gekreuzigten zum Flattern. Nur über dem bösen Schächer mit seinem wirren, rotblonden Haar hat sich eine dunkle Wolke zusammengeballt. Alles ist darauf angelegt, die frohe Botschaft von der Erlösung der Menschheit durch den Kreuzestod Jesu farblaut werden zu lassen. Das grausame Spiel mit dem Essigschwamm, der Lanzenstich in die Seite des Gekreuzigten, das alles fällt hier weg. Gewiß, vom dornengekrönten Haupt und den durchbohrten Händen und Füßen fließt das Blut herab. Der Leib jedoch ist unversehrt, von ebenmäßiger Schönheit des in sich Vollendeten, der seine letzten Worte ›Es ist vollbracht‹ bereits ausgehaucht hat. Der gute Schächer zu seiner Linken neigt seinen Kopf. Er hat sich in sein Los gefügt und erwartet das ihm verheißene Paradies. Der schlechte bäumt sich ein letztes Mal auf gegen das ihm vermeintlich angetane Unrecht. Das ist die einzige Unruhe, die in diese Darstellung des die Welt umwandelnden Geschehens hineingebracht ist. Alles übrige ist dazu angetan, diese Weltstunde in ihrer ganzen Bedeutung begreiflich und neben der Anklage auch das Versöhnliche und Befreiende verständlich zu machen. Die Farbskala mit dem leuchtenden Rot des Übergewandes von Johannes ist auf Festlichkeit abgestimmt. In beinahe gleicher Tönung sind die Hosen des Knechtes abgesetzt. Er kommt vermutlich vom Holzschlagen mit zwei Prügeln, um die Kreuze im Boden zu verkeilen. Auch Maria fügt sich in ihre Bestimmung. Das Blau ihres Gewandes mit der Kopfbedeckung ist hell gehalten. Es erhält von oben einen Lichtschimmer, der sich auf dem olivfarbenen Gewand ihrer Schwester mit einem lichtgehaltenen Kopftuch zu Goldtönen verdichtet. In ihr vermutet man das Portrait von Altdorfers Frau. Die Bäume über ihr schlagen schon aus, es ist die Stunde des Neuerwachens der Natur. In drei Tagen ist Auferstehung. Die Linien über Maria auf der einen Seite und die über der in Gold gewandeten Gestalt auf der anderen Seite steigen auf zur Spitze eines Dreieckes, zu der weißschimmernden Tafel mit dem ›I.N.R.I.‹ auf dem Kreuz.

Somit sind wir am Ende des Kreuzweges angelangt, den Altdorfer als Erlösungsweg versteht. An der langen Flechte, die unter dem Schleiertuch einer kunstvoll gewickelten Kopfbedeckung herunterfällt, erkennt man unschwer Maria Magdalena. Doch deuten Gewand und Gestik darüber hinaus. Sie, von der Jesus sagt, ›Sie hat im voraus meinen Leib gesalbt‹, hat als erste hier unter dem Kreuz begriffen, daß dieser schmerzensreiche Vollzug des Leidensweges durch das damit vollbrachte Erlösungswerk erst Sinn erhält. In priesterliche Gewänder gehüllt, erhebt sie die Arme zum Gebet. Nicht Trauer, sondern Staunen spricht aus ihren Augen. Als eine Vorbotin der Ecclesia, die auf diese Ostertat gegründet sein wird, ist sie niedergekniet, um das Vermächtnis dieser Stunde in sich aufzunehmen. Durch sie ist dieser Stunde auf der Schädelstätte, auf die einige Knochen am Fuß des Kreuzes hinweisen, endgültig alle Düsternis genommen. Was der lichte Himmel verheißt, hat sie begriffen: sie stimmt unter dem Kreuz das österliche Halleluja an. Der eine Knecht, der sich an das Kreuz des bösen Schächers anlehnt, blickt verwundert auf dieses befremdliche Verhalten.

Für die grausamen Ausartungen hat Altdorfer in seiner Auslegung der Kreuzigung keinen Platz. Das Würfeln und Losen um die Gewänder Jesu z. B. gibt ihm kein Bildmotiv her. Die vier Männer im Schatten des Kreuzes Jesu sind in tiefe Nachdenklichkeit versunken über das, was sich ihren Augen darbietet. Der Söldner in der Rüstung richtet fragend seinen Blick auf die drei Männer, die mit Lukas bekennen: ›Dieser (Mensch) war in Wahrheit Gottes Sohn.‹

Solche Glaubensgewißheit hat Albrecht Altdorfer bei der Gestaltung der acht Tafeln geleitet und ihm den kunstvollen Einsatz des Lichtes eingegeben. Dabei mag ihn der Gedanke geleitet haben, daß sich die Tafeln bei geöffnetem Altar den Augen der andächtigen Betrachter alle gleichzeitig darbieten, anders als ein Weg mit Stationen. Eine solche Zusammenschau stellte ihre besonderen Anforderungen an die Gestaltungskräfte des Malers, an seine Bildphantasie. So weisen die Bilder, jedes für sich, über die Einzelbegebenheit hinaus auf den gesamten Ablauf des Kreuzweges. Bereits in dem Gethsemane-Bild sind durch den herausleuchtenden Kelch mit dem kreuzüberhöhten Deckel Anfang und Ende der Passion miteinander verknüpft. Mit der Lichtsetzung, die der Maler folgerichtig über die acht Tafeln führt, hat er sich die Möglichkeit verschafft, die zum Teil dramatisch ausgestalteten Stationen in eine Gesamtschau einzufügen. Über das augenblickliche Begebnis hinaus wird so ein Erschauen seiner tieferen, religiösen Bedeutung und eine ergreifende Steigerung möglich. Parallel zu diesem Lichteinsatz geht der Farbeinsatz: auch da gelingt es dem Maler, über die rein farbliche Wirkung hinaus, die Geschehnisse zu deuten und damit an ihre Überwirklichkeit zu rühren.

So verwandelt sich durch die Kunst Albrecht Altdorfers sein *Kreuzweg* im Augustiner Chorherren-Stift St. Florian in einen *Heilsweg*. Er führt den Betrachter aus der Bedrängnis von Gethsemane hinauf zum Berg Golgatha, von dem aus das umgestaltende Licht der Erlösung und Befreiung in alle Welt leuchtet. Das offenkundig zu machen und dem mit seinen eigenen Mitteln nachzuspüren, hat sich Max Seidel als Aufgabe gestellt.

Edwin Maria Landau

Albrecht Altdorfer – Leben und Werk

Albrecht Altdorfers Altar im Stift St. Florian ist ein außergewöhnliches Meisterwerk, in dessen Mitte der Leidensweg Christi steht, der sich vor unseren Augen zum Heilsweg wandelt, denn er führt aus der Finsternis zum Licht, aus irdischer Not und Verzweiflung zu ewiger Erlösung.

Albrecht Altdorfer, einer unserer größten Maler, lebte in der ereignisreichen Wendezeit um 1500, die durch Unruhen und Umwälzungen gekennzeichnet war – Bauernkrieg, Reformation, Wiedertäufertum –, die Neue Welt war gerade entdeckt und sollte erst noch erschlossen werden. Die Schwerpunkte von Handel und Wirtschaft verlagerten sich. Die selbstverständliche Glaubensgewißheit des Mittelalters war in Frage gestellt. Wer die Zeichen der Zeit begriff, mochte sich nicht mehr damit begnügen, überlieferte Formeln einfach nachzubeten. So auch Albrecht Altdorfer, der Meister von Regensburg, der die überlieferte Frömmigkeit mit dramatischer Lebensnähe und neuer Anschaulichkeit erfüllte und das längst vergangene Geschehen in seine eigene Gegenwart versetzte. Gerade diese Verlebendigung macht den Betrachter zum unmittelbar betroffenen Augenzeugen, damals wie heute.

Die Passion des Heilands, die das Herzstück des großen Altares von St. Florian bildet, wird hier in einer ganz persönlichen Weise miterlebt und miterlitten, bis zu dem Höhepunkt des ›Es ist vollbracht!‹

Dieser so ganz persönlich aufgefaßte Leidensweg Christi, der sich wie durch ein Wunder zum ergreifenden Heilsweg läutert, läßt uns nicht nur nach dem Maler selbst und nach seinem Schicksal und Lebensweg fragen, sondern ebenso danach, wie sich in seiner Kunst die Fragen und Probleme seiner Epoche spiegeln und was davon uns noch heute angeht?

Der Umkreis der mittleren Donau – im weiteren Einzugsbereich der Alpen – war das Land, in dem sich Albrecht Altdorfers Lebenslauf abspielte. Nicht von ungefähr ist er der Hauptmeister der berühmten, von neuem Naturerleben erfüllten ›Donauschule‹.

Die urkundlichen Nachrichten über den Meister selbst sind leider spärlich, doch trotzdem aufschlußreich. Seine Anfänge müssen hart gewesen sein, stammte er doch aus einer verarmten Familie: Im Jahre 1478 wird in Regensburg ein Maler Ulrich Altdorfer urkundlich genannt, der hier das Bürgerrecht der Stadt erwirbt. Man nimmt an, daß es sich bei diesem Maler um Albrecht Altdorfers Vater handelte und daß der Familienname auf die Herkunft aus dem Ort Altdorf bei Landshut hinweist.

Meister Ulrich zog in der Hoffnung auf einträgliche Aufträge in die wohlhabende Reichsstadt Regensburg, doch war hier die handwerkliche Konkurrenz groß. Um 1480 kam sein Sohn Albrecht zur Welt, der vermutlich später seine erste Ausbildung bei ihm erhielt. Albrecht war ein Generationsgenosse Martin Luthers. Unter den etwa gleichaltrigen Malern sind die Schweizer Niklas Manuel Deutsch und Urs Graf, ferner Hans Baldung Grien, Wolf Huber, Jörg Ratgeb und der Italiener Raffael zu nennen, während Dürer, Cranach d. Ä. und Schongauer bereits zu den etwas älteren Vorbildern gehörten.

Politisch stand Altdorfers Jugend unter dem Zeichen des Kaisers Maximilian I., der von 1493–1519 regierte. Dieser prunkliebende und auf Verherrlichung seiner Taten bedachte ›letzte Ritter‹, versuchte noch einmal den Glanz des Mittelalters und feudaler Herrschermacht zu beleben. Zahlreichen Künstlern gab er umfangreiche Aufträge, um dieses Ideal zu veranschaulichen; späterhin sollte er zu den einflußreichen Gönnern Albrecht Altdorfers gehören.

Obwohl die traditionsreiche Stadt Regensburg gegen Ende des 15. Jahrhunderts wirtschaftlich blühte und ein sehr günstig gelegener Knotenpunkt zwischen Bayern, Böhmen und Österreich, Deutschland und Italien war, hatte Albrecht Altdorfers Vater hier offensichtlich kein Glück. Nach ein paar Jahren vergeblicher Mühen mußte der Verarmte daher 1491 das Regensburger Bürgerrecht wieder aufgeben, um irgendwo in der Provinz – vermutlich in Amberg – fernerhin sein dürftiges Auskommen zu suchen. Ein urkundlicher Eintrag im Regensburger Bürgerbuch (1486 ff. fol. 69) bezeugt seinen Wegzug:

›Item feria sexta post Concepcionem Mariae Anno 91 ist ledig geczelt worden der burgerrecht Vlrich Altdorffer maler und hat auf sein aid genommen, daß Er nichtsz hat, davon er den Xd geben sollte.‹

Meister Ulrich mußte also unter Eid beschwören, daß er weder Vermögen noch Einkünfte genug hätte, um künftig Steuern zu entrichten.

Andererseits lagen offenbar keine unerledigten Forderungen gegen ihn vor, sonst hätte man ihn nicht unbehelligt ziehen lassen.

Der berufliche und geschäftliche Mißerfolg des Familienvaters bewegte gewiß auch seine Familie, zu der außer der Ehefrau und dem Sohn Albrecht auch dessen Geschwister Erhard, Aurelia und Magdalena gehörten. Gab ein Familienvater das Bürgerrecht einer Stadt samt Rechten und Pflichten auf, so waren auch seine Angehörigen davon gleichermaßen betroffen.

Über die Lehrjahre Albrecht Altdorfers liegen keine urkundlichen Nachrichten vor. Da er aus beengten Verhältnissen stammte und in der Provinz aufwuchs, wird seine Schulbildung vielleicht bescheiden gewesen sein. Vermutlich vollzogen sich auch seine künstlerische Ausbildung und die damals übliche Wanderschaft wie die Gesellenjahre im weiteren Vorland der Alpen und in einem heimatlichen Bereich, der sich mit den Städten Amberg, Passau, Regensburg, München, Salzburg, Innsbruck, Wien umreißen läßt. Der Vater konnte ihm weder Vermögen noch nützliche Empfehlungen mitgeben, und nichts spricht dafür, daß Albrecht je die bedeutendsten Kunststätten Italiens und der Renaissance persönlich kennengelernt hätte. Das mag allerdings für seinen eigenen Weg und seine selbständige künstlerische Entwicklung von Vorteil gewesen sein, da er dadurch der Gefahr von Nachahmung oder gar stilistischer Abhängigkeit entging. Die wichtigsten Motive und ornamentalen Details der italienischen Renaissancekunst konnte ein Maler durch importierte Kupferstiche und Nachzeichnungen auch diesseits der Alpen in jeder größeren Werkstatt kennenlernen, um sie soweit erforderlich auszuwerten.

Da an Albrecht Altdorfers Werken zeitlebens eine Vorliebe für dicht gedrängte, figurenreiche Kompositionen und für kleinteilig durchgezeichnete Landschaftselemente auffällt, wie sie für die *Buchmalerei* typisch sind, liegt die Vermutung nahe, daß der junge Altdorfer während der prägenden Jahre seiner Ausbildung in engen Kontakt mit der Miniaturmalerei seiner Zeit und Umgebung gekommen sein muß. Auch späterhin führte er erfolgreich Aufträge dieser Art aus.

Nach 1500 scheint sich Albrecht Altdorfer als wandernder Geselle vorübergehend im österreichischen Benediktinerkloster Mondsee aufgehalten zu haben, wo er eine Folge von 13 schlichten Holzschnitten schuf, die seine Signatur tragen. Bedeutenden Eindruck scheint auf ihn auch die Kunst des Michael Pacher (um 1435–1498) und dessen berühmter Altar von St. Wolfgang gemacht zu haben, wie manche Details seiner Kompositionen verraten.

Zu Beginn des 16. Jahrhunderts, als sich der junge Altdorfer umsah, in welcher Stadt er sich am besten als selbständiger Meister niederlassen solle, ereigneten sich in seiner Heimat einschneidende Ereignisse: Im Landshuter Erbfolgekrieg stritten Herzog Albrecht IV. von Bayern–München und Rupprecht von der Pfalz um das Erbe des 1503 verstorbenen Herzogs Georg des Reichen von Bayern–Landshut. Kaiser Maximilian I. griff zugunsten des Bayernherzogs Albrecht ein, der als Sieger Ober- und Niederbayern vereinigen konnte; die Habsburger beanspruchten jedoch als Lohn Kufstein, Kitzbühel und Rattenberg für sich.

Den jungen, ehrgeizigen Maler Albrecht Altdorfer zog es in die vorteilhaft zwischen dem Herrschaftsbereich der Bayern und der Habsburger gelegenen Stadt Regensburg, die Reichsstadt, aus der sein Vater vor ein paar Jahren hatte weichen müssen. Regensburg war für Albrecht die Herausforderung, die er annahm; hier war gerade der zwischen 1470 und 1501 nachweisbare, vielbeschäftigte Buchmaler Berthold Furtmeyer gestorben, dessen Nachfolge nun offen war. Das Regensburger Bürgerbuch verzeichnet unter dem 13. März 1505 die Rückkunft Albrecht Altdorfers:

›Albrecht alltarffer maler von Amberg ist burger worden vnd pflicht getan Pfinztag nach Judica, Anno ut supra. Dabat ½ fl.‹ Als Albrecht in seine Geburtsstadt zurückkehrte, mußte er aufs neue das Bürgerrecht erwerben und zunächst einen halben Gulden Bürgersteuer entrichten. Näheres über den Familienstand des jungen Malers ist nicht bekannt. Üblich war, daß ein altdeutscher Meister, der in einer Stadt eine eigene Werkstatt betreiben wollte, verheiratet war und ein eigenes Haus besaß, in dem seine Werkstatt untergebracht war und in dem auch seine ledigen Mitarbeiter – Gesellen, Lehrlinge, Knechte – wohnten und verpflegt wurden. Ein beträchtliches Startkapital war dazu erforderlich, sei es als väterliches Erbe oder als Mitgift der Ehefrau. Einheirat war ebenso verbreitet. Auf welche Weise Altdorfer in Regensburg die nötigen wirtschaftlichen Voraussetzungen für seine berufliche Selbständigkeit fand, ist nicht bekannt. Offensichtlich hatte er jedoch von Anfang an Aufträge und Erfolg. Als Frühwerk jener Zeit ist eine schwungvoll und kursorisch gemalte ›Enthauptung der hl. Katharina‹ (Wien) erhalten. Um 1507 entstand ›Die Geburt Christi‹ (Bremen), ›Der büßende hl. Hieronymus‹ (Berlin) und die stimmungsvolle ›Satyrfamilie‹ (Berlin). Überwiegend war der Maler, wie zu seiner Zeit üblich, mit kirchlichen Aufträgen beschäftigt. 1509 malte er für die Kirche Weih St. Peter bei Regensburg ein Altarbild, zu dem die Stadtverwaltung 10 Gulden beisteuerte. Im Jahre 1508 wurde er bereits als ›Siegelbittzeuge‹ bei einem Hauskauf genannt, was dafür spricht, daß er sowohl angesehen als auch begütert war.

Den ehrenvollen Auftrag für den großen Passionsaltar des Stiftes St. Florian bei Linz, dem unser Buch gilt, erhielt der Künstler spätestens im Jahre 1509. Die Ausführung sollte sich, länger als vorgesehen, über ein Jahrzehnt hinziehen, da unvorhergesehene Ereignisse und andere wichtige Aufträge hinzukamen, so für seinen Kaiser, wie später für den Bayernherzog. Die Klosterherren mußten sich inzwischen gedulden.

Bereits im Jahre 1513 konnte der Meister in Regensburg ein stattliches Haus ›samt Thurm und Hofstatt am St. Veitsbach bei den Augustinern‹ erwerben. Der Maler erhielt damals den ehrenvollen Auftrag, an den Illustrationen des berühmten ›Triumphzuges‹ des Kaisers Maximilian mitzuwirken. Der Herrscher beauftragte im Jahre 1512 den Gelehrten Johannes Stabius damit, in Regensburg als Berater zugegen zu sein. Vermutlich hat Altdorfer um jene Zeit auch die Passionsfolge des Altars von St. Florian in seiner Werkstatt vollendet, die den Meister auf der unbestrittenen Höhe seines ausdrucksvollen Könnens zeigt. Er konnte daran seine Fähigkeit zum großen Bildformat beweisen.

Jene Zeit war für Regensburg wechselvoll und unruhig. Im Jahre 1512 war der wohlgelittene erste ›Reichshauptmann‹ gestorben, der jahrelang im Auftrag des Kaisers die Aufsicht über Recht und Ordnung der Reichsstadt geführt hatte. Sein Nachfolger machte sich durch sein hochfahrendes Wesen rasch unbeliebt. Das Volk begehrte auf und verlangte die Wiederherstellung verlorener Rechte und Freiheiten. Ein Ratsherr, der zu dem neuen Herrn hielt, wurde grausam ermordet, der Pöbel ließ sich zu Mord und Plünderungen hinreißen, die feindlichen Böhmen drohten einzugreifen.

Als im Frühjahr 1514 ein kaiserlicher Kommissar mit seinen Truppen in der Reichsstadt eintraf, um die Ordnung wiederherzustellen, wurden die Rädelsführer hingerichtet und selbst die Mitläufer hart bestraft oder vertrieben. Zu den alteingesessenen Künstlern, die in Ungnade fielen, gehörten auch der Dombaumeister Wolfgang Roritzer und der Formschneider Loy. Ein gesellschaftliches Vakuum entstand, das manchen Traditionalisten den Niedergang und entschlossenen Aufsteigern raschen Erfolg brachte. Offensichtlich gehörte Albrecht Altdorfer zu der Minderheit, die bei den Heimsuchungen ungeschoren davonkamen. Der Maler, der wichtige Aufträge für seinen Kaiser auszuführen hatte, war unentbehrlich. Im Jahre 1515 lieferte er seine virtuosen Randzeichnungen zum ›Gebetbuch Kaiser Maximilians‹ sowie 10 Holzschnitte für dessen ›Ehrenpforte‹. Für einen Marienaltar des Klosters Scheyern erhielt er die stattliche Summe von 80 Gulden. Die Fertigstellung des Altars für St. Florian ließ allerdings auf sich warten, nachdem er für das Stift 1516 zusätzlich die Ausführung einer Floriansfolge übernahm. 1517 konnte er in Regensburg ein zweites Haus mit Hofstatt und Garten erwerben. Dem Kaiser lieferte er sechs Troßholzschnitte zu dessen ›Triumphzug‹.

Als Martin Luther 1517 im sächsischen Wittenberg seine 95 Thesen anschlug, fand dieser Auftakt der Reformation zunächst fern an der Donau kaum ein Echo, ebensowenig wie Luthers Kampf gegen den Ablaß-Mißbrauch eines Tetzel. Ein Meisterwerk wie der Passionsaltar von St. Florian war ja gerade dazu bestimmt, die Andacht gläubiger Pilger auf sich zu ziehen, die davor ihre Gebete verrichten sollten und ihren Dank für Ablaß und Sündenvergebung in klingender Münze abstatten würden. Der Kaiser selbst war weniger an religiösen Fragen als an seinem eigenen Ruhm, an Jagd, Kunst und Humanismus interessiert.

Offensichtlich begünstigte die für andre abträgliche Entwicklung den Maler Altdorfer weiterhin. 1519, im Jahr der Fertigstellung des Altars für Stift St. Florian, wurde der Meister zum Mitglied des Äußeren Rates seiner Stadt gewählt. Sein Rang und Ruf innerhalb der Bürgerschaft war gefestigt, zudem ruhte die Gunst des Kaisers auf ihm. Der unverhoffte Tod dieses Herrschers, der am 12. Januar 1519 in Wels starb, hatte unmittelbar Unruhen und Unsicherheit zur Folge. Der Ratsherr Altdorfer erkannte nüchtern die Lage und den Volkswillen. Diesmal verlangte man nicht die unerreichbare Wiederherstellung verlorener Privilegien, sondern direkt das Geld der Juden, die als Pfandleiher und Wucherer verhaßt waren. Der Kaiser, ihr oberster Schutzherr, dem sie so oft ausgeholfen hatten, war tot und sie auf einmal willkürlichen Übergriffen schutzlos ausgeliefert.

Es läßt sich nicht leugnen, daß der handfeste Ratsherr Altdorfer damals mit ins Regensburger Judenviertel zog, um den jüdischen Mitbürgern ihre Enteignung und Vertreibung innerhalb weniger Tage anzukündigen. Ihre Pfänder und ihre Habe mußten sie zurücklassen. Schlimme Übergriffe kamen vor, die Synagoge wurde gewaltsam niedergerissen und an deren Stelle sollte eine Wallfahrtskirche ›Zur Schönen Madonna‹ errichtet werden. Vor dem Abbruch zeichnete Altdorfer noch aus künstlerischem Interesse eine Innenansicht der Synagoge. Als Maler und Bausachverständigem war ihm lebhaft an einem neuen Kirchenbau und an dessen Ausstattung gelegen.

Der Tod seines Kaisers und Gönners sollte jedoch auch für Altdorfer einen heftigen Einschnitt bedeuten. Der Nachfolger, der neunzehnjährige Kaiser Karl V. – Erbe eines Weltreiches, ›in dem die Sonne nicht untergeht‹, war vorderhand in den deutschen Belangen nur wenig bewandert. Spanien und Italien lagen ihm näher, und als Förderer deutscher Künstler kam er kaum in Betracht. Deutschland war ihm so fremd, wie er ihm.

Um 1520 vollendete Altdorfer die ›Mariengeburt‹ (München), ein reifes Werk, das sein perspektivisches Können und seine Raumbewältigung zeigt. Eine Folge von 23 Radierungen mit Prunkgefäßen sollte den Künstler als phantasievollen Entwerfer vorteilhaft in Erinnerung bringen.

Die Reformation berührte Regensburg zunächst wenig. Stärker bewegte die Bevölkerung eine verheerende Pest, die 3 000 Todesopfer forderte. Politisch suchte die Reichsstadt Anlehnung an den Bayernherzog, da der kaiserliche Schutz allzu fern war. Im Jahre 1522 verkaufte Altdorfer aus unbekannten Gründen sein zuletzt erworbenes Haus. Er begann die ›Maria mit dem Kind in der Glorie‹ (München).

Die Schrecken des Bauernkrieges verschonten das städtische Regensburg. 1526 wurde der bewährte Meister Albrecht zum Mitglied des Inneren Rates der Stadt Regensburg sowie deren Stadtbaumeister ernannt. Zu seinen amtlichen Aufgaben gehörte es unter anderm, bei den Verhören und Folterungen von Wiedertäufern zugegen zu sein, die Unruhe ins Volk trugen und daher unnachsichtig verfolgt wurden.

In jener Epoche allgemeiner Greuel und Wirrnis schuf Altdorfer sein zauberhaftes Gemälde ›Susanna im Bade‹ (München) in dem wiederum die Fülle miniaturhafter Details überrascht. Mit großen Altaraufträgen war gegenwärtig nicht zu rechnen. Verstärkt wandte sich Altdorfer seiner Aufgabe als Stadtbaumeister zu und baute in Regensburg den Weinstadel und das Schlachthaus. Als man ihn im Jahre 1528 zum Bürgermeister machen wollte, lehnte er ab, nicht zuletzt um die ›Alexanderschlacht‹ zu vollenden, die ihm Herzog Wilhelm IV. von Bayern in Auftrag gegeben hatte.

1528 starben Albrecht Dürer und Matthias Grünewald, eine Blütezeit der altdeutschen Malerei ging zu Ende. Die offziellen Altaraufträge blieben aus, als mit dem überlieferten Glauben auch die Spendenwilligkeit zurückging. Auch 1529 war Altdorfer erneut mit praktischen Aufgaben beschäftigt, als es darum ging, die Stadtmauern gegen die drohende Türkengefahr zu verstärken.

Im Jahre 1530 übernahm Altdorfer die Ausmalung des ›Kaiserbades‹ in Regensburg, dessen gemalte Scheinarchitektur auf einen Studienaufenthalt des Malers in Trient schließen läßt, wo es vergleichbare Vorbilder gab. Bald darauf vollendete er die reizvolle Komposition ›Hoffart und Bettel‹ (Berlin).

Die politische Situation wurde brisant, als sich 1531 die evangelischen Reichsstände zum ›Schmalkaldischen Bund‹ zusammenschlossen, während Wilhelm IV. von Bayern und Philipp von Hessen sich gegen den Kaiser verbündeten, um ihre reichsfürstlichen Privilegien zu wahren. Am 27. Juli 1532 starb Altdorfers Frau Anna, der ein schlichtes Begräbnis zuteil wurde.

Die Meinungen änderten sich rasch, und im Jahre 1533 beschloß der Regensburger Rat, dem Altdorfer angehörte, einen protestantischen Prediger zu berufen. 1534 übernahm der Meister als Kirchenpfleger die Aufsicht über das Augustinerkloster, 1535 baute er den Marktturm. An den öffentlichen Angelegenheiten nahm er nach wie vor lebhaft Anteil. 1535 wurde er nach Wien zu König Ferdinand gesandt, um politische Vorwürfe gegen die Stadt zu entkräften. 1537 malte Altdorfer sein letztes erhaltenes Gemälde ›Lot und seine Töchter‹ das manieristische Züge aufweist. Am 12. Februar 1538 starb der hochangesehene Maler in Regensburg. Sein Testament wies ihn als vermögenden Mann aus.

Kinder hat Altdorfer nicht hinterlassen, denn sein Erbe fiel an die überlebenden Geschwister. Seinem letzten Willen gemäß, wurde der Maler, ohne Gepränge, neben seiner Frau in der Augustinerkirche in Regensburg beigesetzt. Sein Grabstein wurde beim Abbruch der Kirche 1838 beschädigt und ist nur noch in Bruchstücken erhalten: ›Albrecht Altdorffer paumeister‹.

Seltsamerweise fand Albrecht Altdorfer weder zu seinen Lebzeiten noch bald darauf eine ähnliche Beachtung wie etwa Albrecht Dürer, dem er auf manchen Gebieten nahekommt. Das mag daran liegen, daß Altdorfers Kunst nicht wie die Dürers durch meisterhafte Graphik – Holzschnitte und Kupferstiche – ähnlich weite Verbreitung fand; ebensowenig ist er mit kunsttheoretischen Schriften hervorgetreten. Altdorfer scheint vielmehr ein Mann volkstümlicher Unmittelbarkeit und Schlichtheit gewesen zu sein. Die praktischen Aufgaben, die er zu lösen bekam, ging er in ganz persönlicher Weise und mit leidenschaftlichem Einsatz an. Außerordentlich groß ist der Bogen seines Könnens, der gleichermaßen dramatische Szenen, wie den ›Leidensweg Christi‹ umfaßt und ebenso die visionäre ›Alexanderschlacht‹. Handwerkliche Tüchtigkeit wurde zu Altdorfers Zeiten allgemein höher bewertet als künstlerische Genialität. Die Bürger der ehrwürdigen Reichsstadt Regensburg schätzten offensichtlich ihren tatkräftigen Ratsherren und umsichtigen Stadtbaumeister höher ein, als den unsterblichen Maler, dessen eigentliche Entdeckung erst unserer Zeit vorbehalten blieb.

Gerd Betz

.I.N.R.I.

I.N.R.I

Der Altdorfer-Altar von Stift St. Florian

Der Altdorfer-Altar von Stift St. Florian bei Linz ist einer der letzten großen mittelalterlichen Wandelaltäre und ein hervorragendes Zeugnis jener Zeit an der Wende zur Reformation, ihrer Kunst und ihrer Frömmigkeit.

Die Gemälde dieses Altares befinden sich heute nicht mehr in ihrem ursprünglichen Zusammenhang – eines großen Flügelaltars, in dessen Schrein geschnitzte Heiligenfiguren standen –, sondern sie sind auseinandergenommen und einzeln gerahmt in der Stiftsgalerie ausgestellt. Ihr Erhaltungszustand ist außerordentlich gut, so daß sie die große Kunst Albrecht Altdorfers in ihrem ursprünglichen Glanz zeigen. Albrecht Altdorfer, der Meister von Regensburg, muß bereits einen guten Ruf als Maler gehabt haben, als er mit diesem verantwortungsvollen Auftrag betraut wurde, dessen Hauptteil –, dem Leidensweg als Heilsweg –, unsere besondere Aufmerksamkeit gilt.

Das reiche Augustiner-Chorherrenstift St. Florian bei Linz hatte seit September 1508 einen neuen, tatkräftigen Stiftspropst (Praepositus) namens Peter Maurer, der sein Amt bis 1545 ausübte. Zu den Aufgaben des Stiftspropstes gehörte die Vertretung der äußeren Angelegenheiten des Klosters. Propst Peter Maurer war daher der eigentliche Stifter des Altars und Gesprächspartner des Malers. Ein besonderes Anliegen des Stiftspropstes und seines Kapitels war vermutlich, ein wirkungsvolles Altarwerk zu erhalten, das sowohl der eigenen Frömmigkeit Ausdruck verleihen, als auch die Aufmerksamkeit der Gläubigen auf sich ziehen sollte. Möglichst viele Pilger sollten nach St. Florian wallfahren, hier ihre Gebete sprechen und um Vergebung ihrer Sünden flehen. Zum Dank für die erhoffte Erhörung würden sie sich mit reichen Spenden revanchieren. Der neue Altar sollte zum Ziel dieser Anbetung werden.

Der *Ablaß* (lateinisch = Indulgentia), der bald von Luther so heftig und erfolgreich bekämpft wurde, spielte in jenen Jahren eine hervorragende Rolle. Es handelte sich dabei um den von den kirchlichen Autoritäten gewährten Nachlaß zeitlicher Sündenstrafen durch Zuwendung der Genugtuung Christi und der Heiligen: Gläubige, die in bußfertiger Gesinnung sich in das Leiden Christi und christlicher Heiliger vertieften, konnten auf ›Ablaß‹ ihrer Sünden hoffen; entsprechend wurden vor den Altären zugunsten der Tilgung der Sündenstrafen bereits Verstorbener Seelenmessen gelesen. Zu jener Zeit war es üblich geworden, Ablaß auch durch Geldspenden zu erkaufen. Ein Altar, der durch die kirchliche Obrigkeit mit entsprechenden Ablaßprivilegien ausgestattet war, hatte nicht zuletzt als Einnahmequelle große Bedeutung.

Am 26. April 1509 konnte der Weihbischof von Passau, Bernhard Meurl, in St. Florian gewissermaßen den ›Grundstein‹ zu dem mit zahlreichen Reliquien ausgestatteten Altar legen, der ›zu Ehren der heiligen und unteilbaren Dreifaltigkeit, der glorreichen Jungfrau Maria und aller himmlischen Heerscharen und besonders zu Ehren der heiligen Märtyrer Sebastian und Florian, des Bekenners Leopold, des Markgrafen von Österreich sowie der heiligen Jungfrauen und Märtyrer Katharina, Barbara, Margaretha und Ursula‹ geweiht wurde. Vorausgesetzt werden darf, daß bei dieser Gelegenheit erst die Mensa des Altares geweiht werden konnte, während die Fertigstellung des großen Flügelaltares, mit dem der Regensburger Meister betraut wurde, noch Jahre auf sich warten ließ. Der Kaufpreis für dieses große Vorhaben stand vermutlich noch gar nicht zur Verfügung, sondern mußte erst noch durch die Ablaßspenden der bußfertigen Gläubigen aufgebracht werden.

Der Propst ließ später, im Jahre 1522, für sämtliche zu dem Altar gehörigen Ablaßurkunden eine mit Schnitzerei verzierte Urkundenlade in den Maßen 24 × 44 × 37 cm anfertigen, die noch heute im Stift vorhanden ist und die Aufschrift trägt: ›Indulgencie Altaris Sancti Sebastiani. P.P. 1522‹ (Ablaß des Altares des hl. Sebastian, 1522. Petrus Praepositus = Propst Peter).

Die einzelnen Teile des großen Altares standen in wohldurchdachtem Zusammenhang und waren dazu bestimmt, dessen Gesamtwirkung zu steigern. Das Leiden Christi, als Herzstück, schien besonders geeignet, des geistlichen ›Kirchenschatzes‹ durch bußfertige Betrachtung teilhaftig zu werden. Ebenso kam der Vertiefung in das Martyrium des hl. Sebastian, das auf den vier Tafeln der ›Werktagsseite‹ des Altares zusammengefaßt war, große Bedeutung zu, denn dieser Heilige galt als wichtiger Nothelfer gegen die gefürchtete Pest.

Im Schrein selbst standen als geschnitzte Skulpturen, überlebensgroß, die Heiligen Sebastian, Florian und Leopold.

Die verlorene Predella des Altars enthielt vermutlich ebenfalls geschnitzte Skulpturen sowie auf zwei beweglichen Flügeln die Darstellungen ›Grablegung Christi‹ und ›Auferstehung Christi‹ (beide heute in Wien), flankiert von den Standflügeln mit dem Stifter, Propst Peter Maurer, in Anbetung der Heiligen Margareta und Barbara.

Gerade die wohlüberlegte Kombination der Passion Christi, des Erlösers, der den Bußfertigen die ewige Seligkeit verheißt, mit dem Martyrium eines in Pestzeiten oft angeflehten Heiligen unter Abbildung weiterer volkstümlicher Heiliger, konnte die Glaubwürdigkeit und Kraft dieser Ablaßbilder gewaltig steigern. Dem modernen Betrachter, der daran gewöhnt ist, alte Altarbilder zunächst einmal als Kunstwerke zu würdigen, ist der Hinweis auf die ursprüngliche religiöse Bedeutung dieser Kunst vielleicht nützlich.

Gerade in abgelegenen, ländlichen Gegenden waren vor Jahrhunderten die Menschen oft ohne ärztliche Versorgung und Kenntnis in Krankheit und Not sich selbst und ihrem Glauben überlassen. Wer leidend und krank war, setzte seine Hoffnung auf Gebet, Buße und gute Werke, denn Krankheit und Not galten als göttliche Strafe für menschliche Sünden. Wallfahrten zu Klöstern und wunderwirkenden Bildwerken waren an der Tagesordnung. Die Heiligenverehrung war im Volk tief verwurzelt. Außer den Namenspatronen und Schutzheiligen, auf deren Fürbitte man hoffte, gab es für die unterschiedlichen Leiden und Heimsuchungen spezielle Heilige und Schutzpatrone, die oft aufgrund ihres spezifischen Martyriums als bevorzugte Fürsprecher und Helfer angefleht wurden.

Dies gilt zum Beispiel für den hl. Sebastian, der sein Martyrium durch Pfeilschüsse erlitten hatte. Es bestand die Auffassung, daß die Pest blitzartig wie Pfeilschüsse, als Zeichen des göttlichen Zornes über die Menschen käme. Zudem rief die Krankheit Pestbeulen hervor, die an die Verwundung durch Pfeilschüsse erinnerten. In einer Zeit schlichter Analogieschlüsse galt der hl. Sebastian als der Heilige, der für die Pest und deren Heilung zuständig war. Daher wurde er häufig verehrt; überdies wählten ihn Schützen-Bruderschaften zu ihrem Patron.

Ähnliche Beliebtheit hatte der hl. Florian, der bereits in seiner Jugend durch bloßes Gebet brennende Häuser zu löschen vermochte. Er galt als spezieller Helfer gegen Brand und Feuersgefahr. Als ihn die Römer wegen seines christlichen Glaubens dem Märtyrertod überantworteten, wurde er mit einem Mühlstein um den Hals in die Enns geworfen. Das österreichische Stift St. Florian, in dem sich der Altdorfer-Altar befindet, trägt diesem Heiligen zu Ehren seinen Namen. Florian wurde selbstverständlich hier besonders geachtet. Der volkstümliche hl. Leopold schließlich wurde seit dem Ende des 15. Jahrhunderts zunehmend in Österreich verehrt.

Altdorfer, ein Zeitgenosse Martin Luthers, hat wie jener ›dem Volk aufs Maul geschaut‹, um zum Ausdruck zu bringen, was ihn und seine Zeitgenossen leidenschaftlich bewegte. Schönheit und Stilisierung war nicht sein Ideal, darin unterscheidet er sich z. B. von allen italienischen Meistern der Renaissance, von denen er geistig unabhängig war. Seine Kunst, wie sie sich in seinem Altar offenbart, weist dagegen Züge deutscher Art auf, der es vor allem um Wahrheit und Mitempfinden geht. Wie ein oft derbes, ausdrucksvolles, volkstümliches Passionsspiel hat Altdorfer diese ergreifenden Bilder gestaltet.

Ein Vorteil war, daß Meister Albrecht Altdorfer sich für die Ausführung dieses großen Auftrages beharrlich Zeit ließ. Nichts daran erscheint überstürzt oder zufällig, sondern alles wohlüberlegt und handwerklich verantwortet. Die technische Gründlichkeit der Ausführung erklärt auch den außerordentlich guten Erhaltungszustand dieser Bildtafeln – über Jahrhunderte hinweg.

Vorausgesetzt werden darf, daß Albrecht Altdorfer in Regensburg der verantwortliche Werkstattleiter war, bei dem das Gesamtwerk verdingt, d. h. in Auftrag gegeben wurde. Zusammen mit seinen Mitarbeitern schuf er seit 1509 in geduldiger, jahrelanger Arbeit die Bilder, während, wie üblich, die Schreiner- und Schnitzerarbeiten von anderen Fachleuten ausgeführt wurden. Der Gesamtentwurf, die Visierung, stammte jedenfalls von Altdorfer, ebenso wesentliche Teile der Ausführung der Bilder. Daß der theologisch versierte Stifter, Propst Peter Maurer, ein gewichtiges Wort bei der Auswahl und Gestaltung der Motive mitzureden hatte, liegt nahe. Das verständige Zusammenwirken verschiedener bedeutender Persönlichkeiten ergab erst ein zeitlos gültiges Gesamtkunstwerk.

Rekonstruktionszeichnung des Altdorfer-Altars (im Anschluß an die Hypothese von Franz Winzinger)

Bestand und Maße des Altdorfer-Altars

I. Schauseite – bei geschlossenen Flügeln

4 Tafeln, gemalt auf Fichtenholz:
Martyrium des hl. Sebastian.

Verhör des hl. Sebastian vor Kaiser Diokletian
Außenseite des linken Außenflügels, oben
128 × 93,7 cm

Erschlagung des hl. Sebastian
Außenseite des linken Außenflügels, unten
112,4 × 94 cm

Martyrium des hl. Sebastian mit Pfeilen
Außenseite des rechten Außenflügels, oben
128 × 94,4 cm

Auffindung des Leichnams des hl. Sebastian
Außenseite des rechten Außenflügels, unten
112,5 × 94,5 cm

Die ›Werktagsseite‹ des Altdorfer-Altars von St. Florian schmückten die vier großen Szenen aus dem Martyrium des hl. Sebastian, des bewährten Nothelfers gegen die Pest. Die Sebastiansverehrung war ein besonderes Anliegen des Propstes Maurer, der ihr zu Ehren in Stift St. Florian eine Bruderschaft ins Leben rief. Vermutlich ging die Wahl dieses Themas auf seinen Wunsch zurück.

Heiligenlegenden, wie die des hl. Sebastian waren im Volk allgemein bekannt, nicht zuletzt durch die ›Legenda aurea‹ (Goldene Legende) des Jacobus de Voragine, wovon es seit dem 14. Jahrhundert auch deutsche Übersetzungen gab.

Nach der Legende war der hl. Sebastian, dessen Namenstag der 20. Januar ist, der ritterliche Anführer der Leibwache des heidnischen Kaisers Diokletian. Sebastian hatte sich zum Christentum bekehrt und ging daran, in Rom Glaubensgenossen zu gewinnen und ihnen, soweit sie wegen ihres Glaubens eingekerkert und verfolgt waren, beizustehen. Seine staatsgefährdende Tätigkeit wurde dem römischen Kaiser gemeldet und Sebastian zum Verhör geschleppt.

Die erste Szene zeigt den reich und vornehm gekleideten Ritter, wie ihn zwei Schwerbewaffnete mit hartem Griff vor den thronenden Imperator drängen. Das Verhör findet in einer hohen, lichten, tonnengewölbten Renaissance-Halle statt. In der Ferne wird Volk sichtbar.

Der Befehlshaber senkt das Zepter, sein Urteil ist grimmig, wie der wütende Hahn neben seinem Thron.

Die zweite Szene schildert, wie Sebastian, bis auf ein Lendentuch entkleidet, an eine mächtige Säule gebunden dasteht, während numidische Bogenschützen ihn mit ihren Pfeilen durchbohren. Sorgfältig und aufmerksam gibt der Maler diese militärische Szene wieder, die Bewegungen der Schützen beim Spannen des Bogens und beim Abschuß, ihre Waffen und ihre zum Teil prunkvolle, exotische Aufmachung. In der Bildmitte steht ein hell und eitel gekleideter Hauptmann, hinter dem sich die Leute drängen. Über die Brüstung einer

Verhör

Martyrium

Erschlagung

Auffindung

massiven, steinernen Bogenbrücke beugen sich neugierige Zuschauer weit herab. Der grün gewittrige Himmel wirkt unheimlich-unruhig. Fern im Durchblick ragen hinter einer türmereichen Stadt Alpengipfel auf.

Die dritte Szene bringt den Fortgang des Martyriums: nachdem die Pfeilschützen ihr Opfer in der Annahme zurückgelassen hatten, es sei tot, nahm sich die fromme Witwe des Kastulus seiner an und pflegte den Schwerverwundeten, bis er wieder genesen war. Öffentlich trat der Wiederhergestellte dann dem Kaiser mit der Aufforderung entgegen, er solle die Christenverfolgung aufgeben. Daraufhin wurde er dazu verurteilt, mit Knüppeln erschlagen zu werden.

Das Martyrium, das wiederum unter einer geräumigen Renaissancearchitektur stattfindet, vereinigt eine Gruppe tobender Männer, die mit ihren Prügeln über den sterbenden Heiligen herfallen. Der Leichnam des Heiligen wurde in die stinkende Cloaca Maxima geworfen. Der tote Märtyrer erschien daraufhin mahnend im Traum der Christin Lucina, die bei Nacht zu der Stelle eilte und den Leichnam des Heiligen barg, um ihn würdig dort in Rom beizusetzen, wo heute die Pilgerkirche St. Sebastiano ad catacumbas steht.

Die vierte Szene zeigt die Auffindung durch die frommen Frauen in der unterirdischen Kloake. Zum Teil haben sie Kerzen und Laternen dabei, während von oben Licht einfällt. Wieder ist eine der Gestalten durch reich geschmückte Gewandung hervorgehoben.

Das für die gläubige Betrachtung bestimmte Martyrium eines volkstümlichen Heiligen bildet gewissermaßen den Auftakt für die Passion des Erlösers, die bei der nächsten Wandlung des Altares sichtbar wird. Das einzelne, gläubig und bußfertig erduldete Leiden führt zu dem größeren, alles umfassenden Leiden Christi hin, das in der Erlösung mündet.

II. Schauseite – bei geöffneten Flügeln

8 Tafeln, gemalt auf Fichtenholz:
Die Passion Christi – Der Leidensweg als Heilsweg

Christus am Ölberg
Innenseite des linken Außenflügels, oben
128,5 × 94 cm

Gefangennahme Christi
Außenseite des linken Innenflügels, oben
129,5 × 97 cm

Christus vor Kaiphas
Außenseite des rechten Innenflügels, oben
129,5 × 97 cm

Geißelung Christi
Innenseite des rechten Außenflügels, oben
128 × 93,5 cm

Dornenkrönung Christi
Innenseite des linken Außenflügels, unten
112 × 94 cm

Handwaschung des Pilatus
Außenseite des linken Innenflügels, unten
114 × 96 cm

Kreuztragung Christi
Außenseite des rechten Innenflügels, unten
114 × 96 cm

Kreuzigung Christi
Innenseite des rechten Außenflügels, unten
112,2 × 94,5 cm

III. Schauseite – bei geöffnetem Schrein

Der lange schon verlorene *Schrein* des Altares muß ursprünglich etwa 2,15 m breit und 2,75 m hoch gewesen sein. Er enthielt aller Wahrscheinlichkeit nach, wie sich aus der Kirchweihchronik erschließen läßt, die überlebensgroßen, holzgeschnitzten Skulpturen des *hl. Sebastian,* flankiert vom *hl. Florian* und dem *hl. Leopold.*

Florian und Sebastian waren im Stift St. Florian traditionell verehrte Heilige. Relativ neu und zukunftsorientiert war die Verehrung des hl. Leopold.

Dieser Markgraf von Österreich (1073–1136), der unter der geistlichen Führung des Bischofs von Passau aufgewachsen war, hatte sich durch sein heiligmäßiges Leben ausgezeichnet. Erst im Jahre 1485 hatte ihn Papst Innozenz VIII. heiliggesprochen, worauf die Verehrung des Landespatrons von Österreich rasch zunahm.

IV. Die Predella

Im Schrein der Predella befanden sich heute verlorene Skulpturen. Ebenso waren die Innenseiten der Predellenflügel mit verlorenen Flachreliefs geschmückt; vermutlich handelte es sich hierbei um Darstellungen der *hl. Katharina* und *Ursula.*

An der Predella waren zwei bemalte Standflügel aus Lindenholz angebracht:

Die Heiligen Margareta und Barbara
Linker Standflügel der Predella
85,5 × 35,5 cm

Der Stifter des Altares, Propst Peter Maurer
Rechter Standflügel der Predella
85,2 × 35,6 cm

Bei geschlossenem Zustand waren die beiden *Predellenflügel* sichtbar:

Die Grablegung Christi
Linker, beweglicher Predellenflügel
Fichtenholz. 70,5 × 37,3 cm.
Die Flachschnitzerei der Innenseite
ist verloren.

Die Auferstehung Christi
Rechter beweglicher Predellenflügel
Fichtenholz. 71 × 37,8 cm.
Die Flachschnitzerei der Innenseite
ist verloren.
Diese Darstellung trägt groß die Jahreszahl 1518, wohl als Fertigstellungsdatum.

Während die beiden *Standflügel* der Predella sich noch im Stift St. Florian befinden, wurden die beweglichen *Predellenflügel* 1923 bzw. 1930 an das Kunsthistorische Museum in Wien verkauft, wo sie die Inventarnummern 6427 bzw. 6796 tragen.

Bei geschlossener Predella war rechts der Stifter des Altares, Propst Peter Maurer, in geistlichem Ornat knieend an seinem Betpult zu sehen. Andächtig schaut er auf ein geöffnetes Gebetbuch nieder, während er einen Kruzifixus vor sich hat. Am Stamm des Kreuzes ist das Wappen des Propstes mit der Abkürzung PP (= Petrus Praepositus) angebracht. Ein Rosenkranz mit kräftigen Kugeln hängt über sein linkes Handgelenk herab. Der Raum ist als gotisches Gewölbe angedeutet.

Im weiteren Sinne gilt die Andacht des Propstes nicht nur dem Leiden des Erlösers, sondern auch den beiden Heiligen Margareta und Barbara, die auf dem linken Standflügel, etwa so groß wie der Stifter dargestellt sind. Beide sitzen vertraut nebeneinander im Innenraum einer schlichten Renaissance-Architektur. Sie sind reich gekleidet und geschmückt, tragen stattliche Märtyrerkronen und sind durch ihre beigegebenen Attribute leicht kenntlich.

Die hl. Margareta war eine besonders von Frauen in Kindsnöten angerufene volkstümliche Nothelferin. Ihre Attribute sind der bezähmte Drache und der Kreuzstab, mit dem sie ihn überwunden hat. Der Legende nach war die hl. Margareta, deren Namenstag der 20. Juli ist, zur Zeit der Diokletianischen Verfolgungen eine christliche Jungfrau in Antiochien. Da sie sich weigerte, ihrem Glauben zu entsagen, ließ sie der Präfekt ins Gefängnis werfen und foltern. Der Versucher erschien ihr als schrecklicher Drache, doch überwand sie ihn im Zeichen des Kreuzes. Vor ihrer Hinrichtung bat sie um Vergebung für ihre Verfolger und um Beistand für alle, die sie in Not anriefen.

Die hl. Barbara, deren Tag der 4. Dezember ist, gehörte zu den volkstümlichsten Nothelfern gegen Unwetter und Feuersgefahr. Der Legende nach lebte sie in Nikomedien, wo ihr Vater sie zum Schutz vor allen Versuchungen in einen Turm einschloß. Auf wunderbare Weise erschien ihr Johannes der Täufer, um sie ihrem Wunsch gemäß christlich zu taufen. Als Christin wurde sie gefoltert und durch ihren eigenen Vater mit dem Schwert hingerichtet, den daraufhin himmliches Feuer verbrannte. Eines ihrer Attribute ist der Kelch mit der Hostie.

Bei geschlossenen Predellenflügeln standen die *Grablegung Christi* und die *Auferstehung Christi* einander ergänzend gegenüber. Ein besonderer Reiz der *Grablegung* (Wien, Kunsthistorisches Museum) ist die Landschaft, ein typisches Beispiel der stimmungsvollen Naturauffassung der ›Donauschule‹. Möglicherweise entstand diese Darstellung, wie ihr Pendant, unter Mitwirkung von Werkstattgehilfen des vielbeschäftigten Malers. Vorn links steht groß Maria mit gerungenen Händen, während Johannes sie tröstend umfaßt. Die Bildmitte nimmt die Szene der Grablegung ein. Zwei Männer legen behutsam den Leichnam des Herrn in den schlichten kastenförmigen Sarkophag, hinter und neben dem weitere Trauernde erscheinen. Rechts vorn steht als Profilfigur, etwas unförmig, die hl. Magdalena mit geöffnetem Salbgefäß.

Den eigentlichen Reiz dieser Darstellung bildet die naturwahr empfundene voralpine Landschaft mit Burg und Stadt an einem Strom, einem Waldrand, vor dem die Golgatha-Kreuze aufragen. Hoch hinauf reicht, durch das schlanke Bildformat bedingt, ein von Gesträuch bewachsener Felsenbogen; Landschaftsausblicke, wie sie uns noch heute auf dem Weg nach Italien begegnen.

Ähnlich verhalten ist auch das Echo auf die Gewalt der Passionsfolge in der *Auferstehung Christi.* Nächtliches Rot, wie den Auftakt der Passion in der *Ölberg-Szene,* erfüllt auch diesen krönenden Ausklang. Der siegreich auferstandene Christus, umweht von weißen Grabtüchern, steht segnend auf der Deckplatte des verschlossenen Sarkophags, aus dem er wunderbar hervorging. Triumphierend flattert das Kreuzesbanner in seiner Linken vor gewittrigen Wolken. Ein großer, sonnenhafter Heiligenschein umgibt sein Haupt. Die Wächter des Grabes schlafen tief oder starren vor sich hin, ohne zu begreifen. Engel als Zeugen der Auferstehung haben sich kleinfigurig zu Füßen des Herrn versammelt. In der Ferne haben Männer ein rot leuchtendes Feuer angefacht, das vor den nachtschwarzen Bergen und Bäumen lodert. Überhöht wird die Szene wiederum durch einen dunklen Felsenbogen. Rechts oben ist die Jahreszahl 1518 eingefügt.

Die Standflügel der Predella.
Links die hl. Margareta und Barbara,
rechts Propst Peter Maurer

Die beweglichen Predellenflügel (in Wien).
Links Grablegung, rechts Auferstehung Christi

Altdorfers Heilsweg – Bildfolge

Christus am Ölberg
1
Gesamtansicht
2
Bildausschnitt: Nächtlicher Himmel über alpiner Landschaft
3
Bildausschnitt: Der Betende
4
Bildausschnitt: Die schlafenden Jünger Petrus und Johannes
5
Bildausschnitt: Der Verräter Judas als Anführer der Häscher
6
Bildausschnitt: Christus vor dem Engel mit dem Leidenskelch

Gefangennahme Christi
7
Bildausschnitt: Nächtliches Getümmel der Bewaffneten vor Waldlandschaft
8
Gesamtansicht
9
Bildausschnitt: Judas mit den Silberlingen, der streitbare Petrus, Malchus, der gefangene Christus, inmitten von Gewappneten
10
Bildausschnitt: Malchus mit dem abgehauenen Ohr, neben seiner Laterne
11
Bildausschnitt: Petrus und ein Widersacher

Christus vor Kaiphas
12
Bildausschnitt: Nächtliches Gewölbe und ferne Zuschauer
13
Bildausschnitt: Der Hohepriester zerreißt seinen Mantel als Zeichen der Verdammung
14
Bildausschnitt: Der Beschuldigte wird vorgeführt
15
Gesamtansicht
16
Bildausschnitt: Das Urteil des Kaiphas

Geißelung Christi
17
Bildausschnitt: Christus an der Geißelsäule
18
Bildausschnitt: Christus auf dem Leidensweg
19
Gesamtansicht

Dornenkrönung Christi
20
Bildausschnitt: Das Volk fordert das Opfer des Gottessohnes. Ein Vater mit seinem Kind.
21
Gesamtansicht
22
Bildausschnitt: Das Haupt des Gekrönten
23
Bildausschnitt: Der Raum
24
Bildausschnitt: Mann mit Schüssel
25
Bildausschnitt: Die Peiniger

Handwaschung des Pilatus
26
Bildausschnitt: Christus von Waffen umgeben

Der Altar im Urteil der Forschung

Altdorfers Passionsaltar von St. Florian, der in der Forschung eine unterschiedliche Würdigung erfahren hat, zählt entschieden zu den bedeutendsten altdeutschen Flügelaltären. Eine aktuelle Darstellung wäre ohne Rückgriff auf die verdienstvollen Untersuchungen von Franz Winzinger und Jörg Krichbaum nicht möglich.

Der Verzicht auf schöne Verklärung, die Drastik des Ausdrucks, die Neigung zum Häßlichen – der Wahrheit zuliebe – haben früher alle Betrachter des Altdorfer-Altars, die vom Schönheitsideal der Klassik ausgingen, verwirrt und gar abgestoßen, so daß seine Bedeutung von ihnen verkannt wurde.

Erst die neueren, an der Ausdruckskraft des Expressionismus geschulten Betrachter, sehen sich in der Lage, dieses Meisterwerk mit neuen Augen zu sehen und zu würdigen.

Gerade durch seine eigenwillige, leidenschaftliche Bewältigung des Passionsgeschehens fordert dieser Altar zur Anschauung und zur Auseinandersetzung heraus.

Franz Winzinger schrieb 1976 über Altdorfers Altar: ›Er schuf hier ein in seiner harten Realistik, geballten Bewegung und magischen Glut der Farben einmaliges Werk ... Allerdings dürfte Altdorfer weniger naive Frömmigkeit besessen haben, als die packenden Darstellungen zunächst vermuten lassen. Augenscheinlich sah er das Motiv als willkommene Gelegenheit, seine artistischen Fähigkeiten voll zur Geltung zu bringen: So ist hier Christus weder der Menschheitserlöser noch das unschuldig geopferte Gotteslamm, vielmehr ausschließlich die zentrale Figur eines unerhört dramatischen Geschehens, das der Maler unberührt vom religiösen Gehalt mit einem sachlich-kühlen, fast berechnenden Geschick für kompositionelle, räumliche und malerische Effekte darstellt. Die Passion wird zur grandiosen Schau in acht, meist nächtlichen, von gespenstischen Lichtern erhellten und von branstigem Rot getränkten Szenen, und der überwältigende Eindruck, den das Werk hinterläßt, entspringt weniger der Tiefe des dargestellten Themas als dem Erstaunen vor dem eigenständigen malerischen Phänomen, das sich hier auf unbeschreibliche Weise manifestiert‹.

Jörg Krichbaum (Albrecht Altdorfer, Köln 1978, S. 125) kennzeichnet dieses ›in seiner Farbenpracht und Vitalität wohl einzigartige Werk‹, man habe es bei seinen Bildfolgen ›mit einer lebendigen, lebensnahen Theatralik zu tun, die man ohne weiteres als frühe Form des Realismus bezeichnen muß. ... Dazu kommt eine bis dahin nicht gekannte glühende Farbigkeit und Plastizität, die, so scheint es, die dargestellten tragischen Ereignisse erst wirklich zu erschütternden Beispielen des Tragischen und Entsetzlichen werden lassen. Es ist genau dieses Moment des direkten, drastischen Schilderns, was jene Tafeln des lange unterschätzten Altars über die meisten zeitgenössischen Werke ähnlichen Inhalts hinausragen läßt. Und es ist eines der ersten Werke überhaupt, in dem die Farbe als übergeordnetes, stimmungs- und akzentgebendes Moment eingesetzt wurde, dem sich das Einzelbild, die Einzelkomposition, unterordnen mußte. Eine derartige ›Gesamtanlage‹ wäre ein paar Jahre früher völlig undenkbar gewesen‹.

Wichtig ist der Hinweis, daß Altdorfers Altar aus seiner eigenen Zeit und Sprache heraus verstanden werden muß. Wie ein großes, urwüchsiges volkstümliches Passionsspiel entfaltet sich das Geschehen vor unseren Augen. Altdorfer, der aus dem Volk kam, war ein selbständiger und unabhängiger Künstler.

Im Gegensatz zu vielen seiner Zeitgenossen stand er weder unter dem unmittelbaren Eindruck der älteren niederländischen Malerei, noch gar der italienischen Renaissance. Von ihr übernahm er nur die großzügig vereinfachten Kulissen seiner Architektur, um davor sein mitreißendes Volksstück zu inszenieren. Wie Luther schaute er ›dem Volke aufs Maul‹, wodurch seine Kunst auch die Menschen anging, für die sie gedacht war.

Treffend charakterisiert Franz Winzinger: ›Altdorfer war kein tiefgläubiger Mensch wie Dürer. . . . In vielen seiner Werke äußert sich nicht selten eine urbajuwarische Lust an barocker, komödiantischer Darbietung. So wirken seine Bilder des Leidens Christi nicht selten wie buntbewegte Szenen eines lärmenden Volksschauspiels.‹ Darin liegt gewiß ein Schlüssel zum Verständnis dieser Kunst.

Ebenso wichtig ist die Tatsache: ›Altdorfer ist nicht mehr an die Überlieferung der mittelalterlichen Werkstatt gebunden, aber er anerkennt auch nicht das neue rationale Bildgesetz, den Kanon, mit dem Dürer seine Gestalten nach der Maß baut. So hat seine Kunst etwas Voraussetzungsloses, einen vagantischen Zug, der zugleich Ausdruck einer wunderbaren inneren Freiheit ist.‹

Altdorfers Altar kennzeichnet Ende und Wende zugleich. Er steht am Ende der mittelalterlichen Gläubigkeit, der leidenschaftlichen Vertiefung in Heiligenleben und Martyrien, um dadurch der göttlichen Gnade und Vergebung teilhaftig zu werden. Eine neue, individuell erfahrbare und individuell zu verantwortende Frömmigkeit kündigt sich an, in deren Mitte Christus, der Erlöser und Religionsstifter steht.

Die Gegenwart des Göttlichen in dieser Welt, seine Verstrickung in menschliche Schicksalhaftigkeit wird hier gefordert und gezeigt, als Voraussetzung der Befreiung zu ewiger Erlösung. Das Heilsgeschehen wird zur beständigen Wirklichkeit, selbst inmitten fragwürdiger Umgebung.

Gerd Betz

Literatur

Ausstellungskatalog: Albrecht Altdorfer und sein Kreis. Gedächtnisausstellung. München 1938

Ausstellungskatalog: Die Kunst der Donauschule 1490–1540. Stift St. Florian und Schloßmuseum Linz. 1965

Baldass, L., Albrecht Altdorfer. Studien über die Entwicklungsfaktoren im Werk des Künstlers. Wien 1923

– Der Künstlerkreis Kaiser Maximilians. Wien 1923

– Albrecht Altdorfers künstlerische Herkunft und Wirkung. Jahrbuch der kunsthist. Sammlung in Wien XII, 1938, S. 117 ff.

– Albrecht Altdorfer. Wien 1941

Becker, H. L., Die Handzeichnungen Albrecht Altdorfers. München 1938

Benesch, O., Erhard Altdorfer als Maler. Jahrbuch der Preuß. Kunstsammlungen 37, 1936, S. 157 ff.

– Der Maler Albrecht Altdorfer. Wien 1939

Bier, W., Zur Frage der Beziehungen zwischen Albrecht Altdorfer und Jörg Kölderer. Strzygowski-Festschrift 1932, S. 14

Bredt, E. W., Albrecht Altdorfer. München 1923

Boll, W., Beiträge zu Albrecht Altdorfer. Münchener Jahrbuch der bildenden Kunst. 1933, S. XIII

– Albrecht Altdorfers Nachlaß. Münchener Jahrbuch der bildenden Kunst. 1938/39, S. 91

Egg, E., Jörg Kölderer und die Donauschule. Werden und Wandlung. Linz 1967

Friedländer, Max J., Albrecht Altdorfer, der Maler von Regensburg. Leipzig 1891

– Albrecht Altdorfer. Thieme-Becker Künstlerlexikon, Bd. I. 1907, S. 347

– Albrecht Altdorfer. Berlin 1923

Halm, P., Ein Entwurf Albrecht Altdorfers zu den Wandmalereien im Kaiserbad in Regensburg. Jahrbuch der preußischen Kunstsammlungen LIII. 1932, S. 207

Hildebrandt, H., Die Architektur bei Altdorfer. Straßburg 1908

Jantzen, H., Albrecht Altdorfers Passionsaltar aus St. Florian. Das Werk des Künstlers I., 1939, S. 55

Kriechbaum, J., Albrecht Altdorfer. Köln 1978

Linninger, F., Der Sebastiansaltar in St. Florian. Jahrbuch d. Oberösterr. Musealvereins. Bd. 110, 1965

Mammel, G., Albrecht Altdorfers ›Nachfolger‹ in Altbayern und die Landschaft als Bildgegenstand. Diss. Erlangen 1951

Martin, K., Die Alexanderschlacht von Albrecht Altdorfer. München 1968

Oettinger, K., Altdorferstudien. Nürnberg 1959

Rasmo, N., Il pittore Altdorfer e la Residenza Clesiana di Trento. Cultura Atesina 9, Bozen 1955, S. 33

Ruhmer, E., Albrecht Altdorfer. München 1965

Stange, A., Malerei der Donauschule. München 1964

Stiassny, R., Aus einer österreichischen Klostergalerie. St. Florian. Zeitschrift für bildende Kunst. Leipzig 1891, S. 257

Tietze, H., Albrecht Altdorfers Anfänge. Jahrbuch der K. K. Zentralkommission 2, 1908, S. 1

– Albrecht Altdorfer in St. Florian. Jahrbuch der preuß. Kunstsammlungen, 1917, S. 94

– Albrecht Altdorfer. Leipzig 1923

Tolzien, G., Albrecht Altdorfer. Kindlers Malereilexikon. Bd. 1. München 1971

Wegner, W., Wie sah Altdorfer aus. Zeitschrift für Kunstwissenschaft 6, 1952, S. 79

Winzinger, F., Studien über die Kunst Albrecht Altdorfers. Diss. München 1940

– Die Architekturbilder in Altdorfers Altar von St. Florian. Zeitschrift für Kunstwissenschaft. Berlin 1950, S. 159

– Albrecht Altdorfer. Die Gemälde. Gesamtausgabe. München 1975

– Albrecht Altdorfer-Zeichnungen. München 1952

– Offene Fragen zur Altdorfer-Forschung. Kunstchronik 1962, S. 261

– Albrecht Altdorfer, Graphik. München 1963

– Zur Datierung des Altares von St. Florian. Jahrbuch der Stadt Linz 1964, S. 113

– Die Weihenotiz zum Sebastiansaltar Albrecht Altdorfers. Verhandlungen des Historischen Vereins für Oberpfalz und Regensburg. Regensburg 1966, S. 211

– Albrecht Altdorfer und die Miniaturen des Triumphzuges Kaiser Maximilians. Jahrbuch der Kunsthistorischen Sammlungen in Wien. Bd. 62, 1966, S. 157

– Studien zum Sebastiansaltar in St. Florian. Werden und Wandlung. Linz 1967

– Die Miniaturen zum Triumphzug Kaiser Maximilians I. Veröffentlichungen der Albertina. 2 Bde. Faksimile. Graz 1972/73

Wolf, G., Altdorfer. Bielefeld und Leipzig 1925

CIP-Kurztitelaufnahme der Deutschen Bibliothek
Altdorfer, Albrecht:
Altdorfer: Leidensweg – Heilsweg;
Der Passionsaltar von St. Florian/
Max Seidel: Fotos und Bildgestaltung.
Texte von Edwin Maria Landau u. Gerd Betz. –
Stuttgart: Belser, 1983.
ISBN 3-7630-1784-4
NE: Seidel, Max [Ill.]; Landau, Edwin Maria
u. Betz, Gerd [Mitarb.]; HST